4a. **Handelsgesetzbuch vom 10. Mai 1897** unter Ausschluß des Seerechts. Mit den ergänzenden Vorschriften des Bürgerlichen Gesetzbuchs und Erläuterungen herausgegeben von **F. Litthauer**, Justizrath. Zehnte (der neuen Fassung erste) Auflage. Zweiter unveränderter Abdruck. 2 M. 25 Pf.

5. Allgemeine Deutsche **Wechselordnung.** Siebente Auflage von Dr. **E. Ball**, Rechtsanwalt, und das Reichsgesetz über die **Wechselstempelsteuer.** Sechste Auflage von Reg.-Assessor **P. Loeck**. 2 M.

6. **Reichs-Gewerbeordnung** nebst Ausführungsbestimmungen unter besonderer Berücksichtigung der Arbeiterschutzbestimmungen vom 1. Juni 1891 und des Handwerkergesetzes vom 26. Juni 1897. Von **Berger.** Fortgeführt von Dr. **Wilhelmi**, Geh. Ober-Regierungsrath. Fünfzehnte Auflage. 2 M. 80 Pf.

7. Die deutsche **Post- und Telegraphen-Gesetzgebung.** Von Dr. **P. D. Fischer**, Unterstaatssekretär im Reichs-Postamt. Vierte Auflage. 2 M. 60 Pf.

8. Die Reichsgesetze über den **Unterstützungswohnsitz**, die **Freizügigkeit**, den **Erwerb** und **Verlust** der **Bundes- und Staatsangehörigkeit**, nebst allen landesgesetzlichen Bestimmungen. Von Geheimrath Dr. **J. Krech**, Mitglied des Bundesamtes für das Heimathwesen. Vierte Auflage. 2 M. 25 Pf.

9a. Sammlung **kleinerer privatrechtlicher Reichsgesetze.** Von **F. Vierhaus,** Geh. Ober-Justizrath. Zweite Auflage in Vorbereitung.

9b. Sammlung **kleinerer strafrechtlicher Reichsgesetze.** Von **M. Werner,** Geh. Ober-Regierungsrath. Zweite Auflage im Druck.

10. Das **Reichsbeamtengesetz** vom 31. März 1873 und seine Ergänzungen. Erläutert von **J. Pieper,** Geh. Ober-Regierungsrath. 3 M. 30 Pf.

11. **Civilprozeßordnung mit Gerichtsverfassungsgesetz,** Einführungsgesetzen, Nebengesetzen und Ergänzungen. Von **R. Sydow.** Siebente Auflage. 2 M. 50 Pf.

11a. **Civilprozeßordnung mit Einführungsgesetzen,** Nebengesetzen und Ergänzungen in der Fassung des Gesetzes vom 17. Mai 1898. Unter besonderer Berücksichtigung der Entscheidungen des Reichsgerichts herausgegeben mit Anmerkungen von **R. Sydow,** Direktor im Reichs-Postamt und **L. Busch,** Kammergerichtsrath. Achte Auflage. 8°. Geb. in ganz Leinen 4 M.

Dieser Band ist in größerem Format erschienen!

12. **Strafprozeßordnung nebst Gerichtsverfassungsgesetz** in der vom 1. Januar 1900 ab geltenden Fassung, nebst dem **Gesetz, betreffend die Entschädigung der im Wiederaufnahmeverfahren freigesprochenen Personen.** Von **A. Hellweg,** Reichsgerichtsrath. Zehnte Auflage. Geb. in ganz Leinen 2 M.

13. **Konkursordnung** mit Einführungsgesetz. Von **R. Sydow.** Siebente Auflage. 1 M.

13a. **Konkursordnung und Anfechtungsgesetz** mit Einführungsgesetz, Nebengesetzen und Ergänzungen. In der Fassung des Gesetzes vom 17. Mai 1898. Unter besonderer Berücksichtigung der Entscheidungen des Reichsgerichts herausgegeben mit Anmerkungen von **R. Sydow,** Direktor im Reichs-Postamt und **L. Busch,** Kammergerichtsrath. Achte Auflage. Geb. in ganz Leinen ca. 1 M. 80 Pf.

14. **Gerichtsverfassungsgesetz** mit Einführungsgesetz. Von **R. Sydow.** Siebente Auflage. 80 Pf.

14a. **Gerichtsverfassungsgesetz** mit Einführungsgesetz und Nebengesetzen. In der Fassung des Gesetzes vom 17. Mai 1898. Unter Berücksichtigung der Entscheidungen des Reichsgerichts herausgegeben von **R. Sydow,** Direktor im Reichs-Postamt und **L. Busch,** Kammergerichtsrath. Achte Auflage. 1 M. 20 Pf.

15. **Gerichtskostengesetz und Gebührenordnungen für Gerichtsvollzieher, für Zeugen und Sachverständige.** Mit Kostentabellen. Von **R. Sydow.** Fünfte Auflage. 80 Pf.

16. **Rechtsanwaltsordnung** für das Deutsche Reich. Von **R. Sydow.** Dritte Auflage. 60 Pf.

17. **Gebührenordnung für Rechtsanwälte.** Von **R. Sydow.** Sechste Auflage im Druck.

18. **Reichsstempelgesetz (Börsensteuergesetz)** mit allen Ausführungsvorschriften, vielen Tabellen, den Entscheidungen der Verwaltungsbehörden und des Reichsgerichts. Von **Gaupp,** Geh. Regierungsrath. Siebente vollständig umgearbeitete Auflage von **P. Loeck,** Regierungs-Assessor. 3 M. 30 Pf.

19. Die **Seegesetzgebung.** Nebst den Entscheidungen des Reichsoberhandelsgerichts, des Reichsgerichts und der Seeämter. Von Dr. **W. E. Knitschky,** Landgerichtsrath. Zweite Auflage. 3 M. 80 Pf.

20. **Krankenversicherungsgesetz.** Von Dr. **E. von Woedtke,** Direktor im Reichsamt des Innern. Siebente Auflage. 2 M.

21. Die **Konsulargesetzgebung** des Deutschen Reiches. Von Professor Dr. **Ph. Zorn.** Vergriffen.

22a. **Patentgesetz. Gesetz, betreffend den Schutz von Gebrauchsmustern. Gesetz, betreffend das Urheberrecht an Mustern und Modellen.** Vierte vermehrte Auflage von Dr. **R. Stephan,** Regierungsrath, Mitglied des Kaiserlichen Patentamts. 1 M. 60 Pf.

22b. **Gesetz zum Schutz der Waarenbezeichnungen.** Nebst Ausführungsbestimmungen. Von Dr. **R. Stephan,** Regierungsrath, Mitglied des Kaiserlichen Patentamts. Vierte Auflage. 1 M.

23. **Unfallversicherungsgesetz** und Gesetz über die Ausdehnung der Unfall- und Krankenversicherung. Von Dr. **E. von Woedtke,** Direktor im Reichsamt des Innern. Fünfte Auflage. 2 M.

24. Reichsgesetz, betreffend die **Kommanditgesellschaften auf Aktien und die Aktiengesellschaften.** Von **H. Keyssner,** Kammergerichtsrath und Dr. **H. Veit Simon,** Rechtsanwalt. Vierte Auflage. 1 M.

25. Reichsgesetz wegen **Erhebung der Brausteuer** vom 31. Mai 1872 mit Ausführungsvorschriften. Von **E. Bertho,** Regierungsrath. 1 M. 60 Pf.

26. Die Reichsgesetzgebung über **Münz- und Notenbankwesen,** Papiergeld, Prämienpapiere und Reichsanleihen. Von Dr. jur. **R. Koch,** Präsident des Reichsbankdirektoriums. Dritte Auflage. 2 M. 80 Pf.

27. Reichsgesetzgebung, betr. das **Gesundheitswesen** für Behörden, Aerzte &c. Von Dr. jur. **C. Goesch** und Dr. med. **J. Karsten.** 1 M. 60 Pf.

41. **Börsengesetz.** Vom 22. Juni 1896. Nebst den dazu erlassenen Ausführungsbestimmungen. Unter Mitwirkung des Geh. Ober-Regierungsrathes **A. Wermuth** bearbeitet von **H. Brendel,** Gerichts-Assessor, Hülfsarbeiter im Reichsamt des Innern. 1 M. 50 Pf.

42. **Grundbuchordnung** für das Deutsche Reich. Vom 24. März 1897. Von Prof. Dr. **O. Fischer.** 1 M.

43. Reichsgesetz über die **Zwangsversteigerung** und die **Zwangsverwaltung.** Vom 24. März 1897. Von Dr. **J. Krech,** Kaiserl. Geh. Regierungsrath und Professor Dr. **O. Fischer.** 1 M. 20 Pf.

44. Das Reichsgesetz über das **Auswanderungswesen** vom 9. Juni 1897 nebst Ausführungsverordnungen und Anlagen. Nach den Materialien und unter Benutzung amtlicher Quellen erläutert von Professor Dr. **Felix Stoerk.** 2 M. 25 Pf.

45. Das **Handwerkergesetz** vom 26. Juli 1897. Mit ausführlichen Erläuterungen von Dr. **L. Wilhelmi,** Kais. Geh. Ober-Regierungsrath. In Vorbereitung.

46. Das Reichsgesetz über die **Angelegenheiten der freiwilligen Gerichtsbarkeit.** Mit Einleitung und Erläuterungen von **Herm. Jastrow,** Amtsgerichtsrath. 1 M. 80 Pf.

47. Das **deutsche Vormundschaftsrecht** und das preuß. Gesetz, betr. die Unterbringung verwahrloster Kinder vom 13. März 1878. Mit Einleitung und Erläuterungen von **Max Schultzenstein**, Oberverwaltungsgerichtsrath und Amtsgerichtsrath Dr. **Köhne**. 2 M. 80 Pf.

48. Gesetze und Verordnungen, betreffend den **Drogen-, Gift- und Farbenhandel** außerhalb der Apotheken unter besonderer Berücksichtigung des Königreichs Preußen. Von Dr. **Broh**, Rechtsanwalt. 1 M. 25 Pf.

49. Die **Kolonialgesetzgebung**. Von Prof. Dr. **Philipp Zorn**. (In Vorbereitung.)

50. Der **Viehkauf** (Viehgewährschaft) nach dem Bürgerlichen Gesetzbuche. Mit Erläuterungen und Sachregister von Dr. **Hans Stölzle**, Rechtsanwalt in Kempten (Bayern). Mit einem Anhang: Verordnung, betreffend die Hauptmängel und Gewährsfristen beim Viehhandel. Vom 27. März 1899. Erläutert von **Heinrich Weiskopf**, Königl. Kreisthierarzt in Augsburg. 1 M. 50 Pf.

51. Gesetz, betr. die **Hypothekenbanken** nebst Nebengesetzen. Von Dr. **H. Göppert**, Gerichts-Assessor. Im Druck.

52. Die Reichsgesetzgebung über den Verkehr mit **Nahrungsmitteln**, Genußmitteln und Gebrauchsgegenständen. Von Dr. **Lebin**, Nahrungsmittelchemiker. In Vorbereitung.

6. Die Preußischen **Ausführungsgesetze und Verordnungen zu den Reichs-Justizgesetzen.** Von **R. Sydow.** Dritte vermehrte Auflage. 2 M. 40 Pf.

7. **Allg. Gerichtsordnung** vom 6. Juli 1793 **und** Preuß. **Konkursordnung** vom 8. Mai 1855. **Von F. Vierhaus,** Geh. Ober-Justizrath. 2 M. 50 Pf. **Vergriffen.**

8. **Vormundschaftsordnung** vom 5. Juli 1875, **nebst** allen Nebengesetzen und den dazu erlassenen Allgemeinen Verfügungen. Von Oberverwaltungsgerichtsrath **Schultzenstein.** Dritte Auflage. 1 M. 50 Pf.

9. Die Preußische **Grundbuchgesetzgebung.** Mit Einleitung, Formularen, Kosten- und Stempeltabellen. Von Prof. Dr. **Fischer.** Dritte Auflage. Vergriffen.

10. **Einkommensteuergesetz.** Vom 24. Juni 1891. **Von** Geheimrath **Meitzen.** Vierte vermehrte Auflage von **A. Fernow,** Ober-Regierungsrath. 1 M. 50 Pf.

11. **Gewerbesteuergesetz.** Vom 24. Juni 1891. **Von A. Fernow,** Ober-Regierungsrath. Dritte vermehrte Auflage. 1 M. 25 Pf.

ausführlichen Tabellen. Von **B. Gaupp,** Geh. Regierungsrath und Regierungsassessor **P. Loeck.** Vierte Auflage. 3 M. 30 Pf.

19. **Jagdscheingesetz.** Vom 31. Juli 1895. Mit ausführlichen Erläuterungen nebst der Ausführungsanweisung vom 2. August 1898 und den Gesetzbuchmaterialien. Von **F. Kunze,** Wirklichem Geh. Ober-Regierungsrath. Zweite Auflage. Geb. in ganz Leinen 2 M.

20. Gesetz, betr. die **Erbschaftssteuer.** Vom 19./24. Mai 1891 unter Berücksichtigung der Novelle vom 31. Juli 1895. Mit ausführlichen Erläuterungen von **P. Loeck,** Regierungsassessor. 1 M. 80 Pf.

21. Gesetz über die **Handelskammern.** Vom 19. August 1897. Mit Erläuterungen, geschichtlicher Einleitung sowie einer Uebersicht des Bestandes der kaufmännischen Vertretungen. Von **F. Lusensky,** Geh. Regierungsrath und vortragender Rath im Ministerium für Handel und Gewerbe. 3 M.

22. Gesetz, betr. **Anstellung und Versorgung der Kommunalbeamten.** Von Dr. **W. Ledermann,** Magistratsassessor zu Berlin. 1 M. 25 Pf.

23. **Ausführungsgesetz zum Bürgerlichen Gesetzbuche.** Von Landrichter Dr. **P. Simeon.** 1 M. 60 Pf.

Vorwort zur ersten Auflage.

Auf den dringenden Wunsch der Verlagsbuchhandlung hat der Verfasser eingewilligt, die vorliegende Arbeit zu veröffentlichen, ehe die durch das Gesetz geforderten Ausführungs-Anweisungen seitens des Herrn Finanzministers ergangen sind, indessen verhehlt er sich nicht, daß er damit nur den Kreisen des großen Publikums einigermaßen nützlich werden kann.

Alle diejenigen, welche berufen sein werden, an der Bearbeitung der neuen Einkommensteuer in irgend welcher Weise theil zu haben, und welche die Dienste des Verfassers in Anspruch zu nehmen für werth halten, darf er auf einen seiner Zeit in Aussicht genommenen Kommentar des Einkommensteuergesetzes hinweisen, der in derselben Weise bearbeitet sein wird, wie sein Werk: „Die Vorschriften über die Klassen- und klassifizirte Einkommensteuer in Preußen, 2. Auflage. Berlin 1887."

Berlin, im Mai 1891.

R. Meitzen.

Vorwort zur dritten Auflage.

Auf Wunsch der Verlagsbuchhandlung habe ich die Bearbeitung der dritten Auflage nachfolgender Textausgabe übernommen.

Um das Werkchen dem praktischen Bedürfniß anzupassen, war es nothwendig, die inzwischen durch die erlassenen Ausführungsanweisungen und durch die Rechtsprechung des Königlichen Oberverwaltungsgerichts vielfach überholten Anmerkungen des verewigten Herrn Verfassers wesentlich umzugestalten und zu vermehren.

Ich habe mich bestrebt, durch Hinweis auf die ministeriellen Anweisungen und Erlasse, namentlich aber auch durch möglichst umfassende Berücksichtigung der für das Verständniß des Einkommensteuer-Gesetzes so überaus wichtigen Entscheidungen des Königlichen Oberverwaltungsgerichts den Inhalt des Gesetzes so vorzuführen, wie er sich gegenwärtig darstellt. Diejenige Gründlichkeit und Ausführlichkeit, deren sich die Bearbeitung gern befleißigt hätte, verboten der ganze Charakter und die engen Grenzen des Werkchens als Textausgabe. Doch gebe ich mich der Hoffnung hin, wenigstens den Steuerpflichtigen und, ich denke, wohl auch den Laienmitgliedern der Steuerkommissionen, ausreichend Material zum Verständniß dieses bedeutsamen Gesetzes geboten zu haben.

Frankfurt a.O., im Januar 1895.

Fernow
Regierungsrath.

Vorwort zur vierten Auflage.

Die Bearbeitung der vierten Auflage nachfolgender Textausgabe hat wiederum zu einer nicht unbeträchtlichen Vermehrung des Werkchens geführt. Es war dies unvermeidlich, da seit dem Erscheinen der letzten Auflage im Jahre 1895 auf dem Gebiete der Einkommensbesteuerung wiederum eine große Fülle wichtiger Entscheidungen des Oberverwaltungsgerichts veröffentlicht worden ist, deren Nachtragung geboten erschien, wenn das Werkchen seinen Zweck, dem Publikum das Gesetz in seiner gegenwärtigen Auslegung zu bieten, erfüllen sollte. Auch die inzwischen ergangenen Ministerialerlasse 2c. sind nicht unberücksichtigt geblieben. Endlich habe ich auch, wo es zum besseren Verständniß erforderlich erschien, mehr als bisher den Text der Ministerialanweisung v. 5. August 1891 aufgenommen, oder wenigstens Hinweise auf die Artikel derselben gegeben. Das Sachregister ist neu bearbeitet und noch ausführlicher gestaltet, um das Zurechtfinden in dem Büchlein auch dem Laien bequemer zu machen.

So gebe ich mich der Hoffnung hin, daß auch die neue Auflage die betheiligten Kreise zufrieden stellen wird.

Breslau, im Dezember 1898.

Fernow
Ober-Regierungsrath.

Abkürzungen.

A. = Ausführungsanweisung vom 5. Aug. 1891 zum Einkommensteuergesetz.
AKD. = Allgemeines Kriegs-Departement.
ALR. = Allgemeines Landrecht.
Anm. = Anmerkung.
Art. = Artikel.
BGB. S. = Bundes-Gesetz-Blatt, Seite.
CirkVerf. d. FM. = Cirkular-Verfügung des Finanzministers.
CPO. = Civilprozeß-Ordnung.
Entsch. d. OVG. i. St. = Entscheidungen des Oberverwaltungsgerichts in Steuersachen.
FME. = Finanz-Ministerial-Erlaß.
GS. S. = Preußische Gesetzsammlung, Seite.
HGB. = Handelsgesetzbuch.
KME. = Kriegs-Ministerial-Erlaß.
MA. = Ministerialanmerkung zur Ausführungsanweisung vom 5. Aug. 1891.
Mitth. H. = Mittheilungen aus der Verwaltung der direkten Steuern, Heft.
MGA. E. = Ministerium der geistlichen Angelegenheiten, Erlaß.
MOD. = Militär-Oekonomie-Departement.
RGB. S. = Reichs-Gesetz-Blatt, Seite.

Inhaltsverzeichniß.

Einleitung.

Das nachfolgende Gesetz bildet den Ausgangspunkt und die Grundlage für die durchgreifende neue Ordnung der direkten Staatssteuern und der Kommunalbesteuerung in Preußen, welche wir dem Finanzminister Dr. von Miquel verdanken.

Um die weitere große Idee der Verbesserung des Kommunalsteuersystems durch Ueberweisung der Ertragsteuern an die Kommunalverbände und durch Regelung des vielfach lästig empfundenen Zuschlagswesens durchführen zu können, mußte die bessernde Hand in erster Linie an die nach mehr als einer Richtung reformbedürftige Einkommensteuer gelegt werden. Sollte dieselbe nach dem Plane des ganzen Reformwerks, unter besonderer Belastung des fundirten Einkommens, als alleinige direkte Staatssteuer beibehalten werden, und Ueberweisung der sämmtlichen Ertragssteuern an die Kommunen stattfinden, so bedurfte es zunächst einer wesentlichen Vervollkommnung des bisherigen Einkommensteuergesetzes. Die Fehler und Mängel desselben waren allgemein bekannt. Ein höchst dürftiges Veranlagungsverfahren, welches ängstlich jedes lästige Eindringen in die Verhältnisse der Steuerpflichtigen vermeiden sollte, gestattete ein auch nur einigermaßen zutreffendes Erfassen des steuerpflichtigen Einkommens in den weitaus meisten Fällen nicht und eröffnete die Möglichkeit zu wahrhaft haarsträubenden Unterschätzungen. Hier ist von dem neuen Gesetz in erster Linie eingegriffen worden. Dasselbe fordert von allen denjenigen Steuerpflichtigen, welche über 3000 Mark jährliches Einkommen haben, oder welche eine besondere Aufforderung zur Abgabe der Steuererklärung erhalten, eine genaue Angabe des jährlichen Einkommens und zwar getrennt nach den vier großen Einnahmequellen: Kapitalvermögen, Grundvermögen, Handel und Gewerbe, Gewinn bringende Beschäftigung, bezw. Rechte auf periodische Hebungen.

Falsche oder unvollständige Angaben des Einkommens aus jeder dieser vier Quellen sind unter Strafe gestellt. Haben die Veranlagungsorgane trotzdem gegen die Angaben des Censiten Bedenken, so dürfen sie dieselben beanstanden und nähere Aufklärungen, bezw. Nachweise zur Beseitigung ihrer Zweifel fordern. Werden die Bedenken nicht beseitigt, so sind die Veranlagungsorgane an die censitischen Angaben nicht gebunden. Da auch die Veranlagungsorgane besser ausgestaltet, das Verbot des näheren Eindringens nicht mehr aufrecht erhalten worden, das Rechtsmittelverfahren gebessert und mit der Einführung des Oberverwaltungsgerichts als höchster Instanz eine äußerste Rechtskontrole und eine einheitliche Verwaltung der Einkommensteuer gesichert ist, so ist durch das neue Gesetz der Boden für eine gleichmäßige, gerechte und mit der Wirklichkeit im Einklange stehende Veranlagung geschaffen.

Die erste Veranlagung nach dem neuen Gesetz ergab eine Mehrsteuer von über 45 Millionen Mark, von welcher Summe etwa 10 Millionen Mark auf die früher nicht steuerpflichtigen nicht-physischen Censiten entfallen. Wenn man erwägt, daß von dem auf die physischen Censiten entfallenden Mehr von etwa 35 Millionen nur etwa $^1/_9$ sich als Folge der für die höheren Einkommen vorgenommenen Erhöhungen der Steuersätze darstellt, dagegen etwa $^8/_9$ als Steuer auf solches Einkommen entfallen, welches sich bisher der Besteuerung entzog, so wird man gewiß anerkennen müssen, daß das Gesetz seiner Aufgabe, das steuerpflichtige Einkommen vollkommener zu erfassen, genügt hat.

Naturgemäß hat für den Einzelnen das neue Gesetz mit seiner Richtung auf schärferes Erfassen des steuerpflichtigen Einkommens und seinen in dieser Hinsicht gebotenen Handhaben vielfach Unannehmlichkeiten im Gefolge gehabt, namentlich in den ersten Jahren der Ausführung, in denen das Gesetz dem Publikum und auch den ausführenden Behörden ganz neu war. Das darf aber den verständig Denkenden nicht davon abhalten, den großen Fortschritt anzuerkennen, den das Gesetz für die Allgemeinheit auf dem Gebiete der gerechten und gleichmäßigen Einkommensbesteuerung bedeutet.

Neben der vollkommeneren Erfassung des thatsächlichen Einkommens erstrebt das neue Gesetz den weiteren Zweck, die Einkommensteuer, auch abgesehen von der für später in Aussicht genommenen, inzwischen durch Einführung der Ergänzungssteuer erreichten, stärkeren Belastung des fundirten Einkommens, derart zu vertheilen, daß den steuerkräftigeren Schultern die größere Last aufgebürdet, den steuerschwächeren aber die Last erheblich erleichtert wird, daß also eine möglichst weitgehende Berücksichtigung der Leistungsfähigkeit des Einzelnen eintritt.

In dieser Hinsicht ist zunächst die bisherige, innerlich freilich auch bis dahin schon bedeutungslos gewordene, Scheidung zwischen „Klassensteuer" und „klassificirter Einkommensteuer" aufgegeben. Beide Steuern sind nun zu einer einheitlich behandelten Einkommensteuer verschmolzen. Gewisse Unterschiede kennt das Gesetz zwar noch hinsichtlich der Censiten mit mehr und mit weniger als 3000 Mark Einkommen, sie betreffen aber mit einer Ausnahme nur die formale Seite des Veranlagungsverfahrens, während die materiellen Vorschriften des Gesetzes durchweg für alle Steuerpflichtigen, wenigstens für alle physischen, gleichmäßig gelten. Die erwähnte Ausnahme aber dient im besonderen Maße der Durchführung des Principes: Besteuerung nach der Leistungsfähigkeit. Es ist dies die Vorschrift des § 18 des Einkommensteuergesetzes, nach welcher bei den Steuerpflichtigen mit nicht mehr als 3000 Mark Einkommen für jedes, nicht selbständig zu veranlagende Familienglied unter 14 Jahren der Betrag von 50 Mark vom steuerpflichtigen Einkommen in Abzug gebracht wird. Diese Bestimmung, welcher noch die Maßgabe hinzugefügt ist, daß bei Vorhandensein von drei oder mehr derartigen Familiengliedern auf jeden Fall eine Ermäßigung um eine Stufe stattfinden muß, hat eine recht erhebliche Tragweite. Um völlige Steuerfreiheit zu erlangen, genügt bei einem Einkommen von 1000 Mark das Vorhandensein von 2 Kindern unter 14 Jahren im Haushalte, bei einem solchen von 1100 Mark das Vorhandensein von 4 Kindern. Auf Grund des § 18 sind im Jahre 1897/98 unter 2 418 667 von einem Einkommen bis zu 3000 Mk. veranlagten Censiten 210 755 Censiten ganz freigestellt und die mehr als dreifache Zahl auf eine niedrigere Steuerstufe ermäßigt worden.

Weiter hat das neue Gesetz im Interesse der Besteuerung nach der Leistungsfähigkeit für Heranziehung der bis dahin steuerfreien, aber besonders leistungsfähigen nicht-physischen Personen gesorgt.

Mit der bis dahin anerkannten Forderung, daß auch die höchsten Einkommen nur nach dem Procentsatze von 3 % besteuert werden durften, hat das Gesetz gebrochen. Es veranlagt die Einkommen von mehr als 100 000 Mk. mit 4 % und führt von da ab nach unten fallend eine Stufenfolge ein, welche

bei	10 000	Mark	Einkommen	3 %
„	5 250	„	„	2,51 %
„	3 450	„	„	2,03 %
„	2 850	„	„	1,82 %
„	1 725	„	„	1,51 %
„	1 275	„	„	0,94 %
„	975	„	„	0,62 %

beträgt, also eine starke Degression zu Gunsten der schwächeren Steuerzahler bedeutet.

Endlich darf hier nicht unerwähnt bleiben, daß das neue Gesetz auch in höherem Maße als das frühere gestattet, die durch besondere wirthschaftliche Verhältnisse beeinträchtigte persönliche Leistungsfähigkeit des einzelnen Steuerpflichtigen zu berücksichtigen, indem § 19 eine Ermäßigung wegen solcher Verhältnisse um höchstens 3 Stufen bei Einkommen bis zu 9 500 Mark (früher nur bis 6 000 Mark) zuläßt.

Auch die Zulassung der Abzugsberechtigung der Lebensversicherungsprämien bis zum Höchstbetrage von 600 Mark gehört diesem Gebiete an.

Hiernach wird man auch diese Anerkennung dem Gesetze nicht versagen dürfen, daß ihm die Entlastung der schwächeren Schultern in hohem Maße zu verdanken ist.

Gleichzeitig mit dem Einkommensteuergesetz ist ein neues Gewerbesteuergesetz vom 24. Juni 1891 erlassen worden, welches die veraltete Gewerbesteuer wieder den modernen Verhältnissen mehr angepaßt und zugleich ebenfalls dem Principe der Besteuerung nach der Leistungsfähigkeit Rechnung tragend, die größeren Gewerbetreibenden stärker herangezogen, die kleineren aber bedeutend entlastet hat.

Das durch die bessere Veranlagung der Einkommensteuer erzielte Plus an Jahressteuer gestattete nunmehr, die Ueberweisung der Ertragssteuern an die Gemeinden ins Auge zu fassen. Die Aufgabe dieser Steuern bedeutete für die Staatskasse allerdings einen Ausfall von ca. 102 Millionen Mark. Durch Aufhebung der sogenannten lex Huene ließen sich 24 Millionen Mark, durch Beseitigung der den Gemeinden für Veranlagung und Erhebung von Staatssteuern bisher gezahlten Vergütungen fast 3 Millionen Mark ersparen. Nach Einrechnung des dauernd zu erzielenden Einkommensteuer-Mehrs mit etwa 40 Millionen Mark, verblieb ein Fehlbetrag von etwa 35 Millionen Mark zu decken, wenn die Ueberweisung der Ertragssteuern zu keiner Verkürzung der Staatskasse führen sollte. Die durch die neue Einkommensteuerveranlagung herbeigeführte Trennung des Einkommens nach den verschiedenen Einkommensquellen gestattete eine annähernde Schätzung dahin, daß eine Besteuerung des fundirten Einkommens nach dem Vermögen und unter Zugrundelegung des mäßigen Procentsatzes von $^1/_2$ pro Mille etwa die fehlende Summe ergeben würde. Auf dieser Basis ist das Ergänzungssteuergesetz vom 14. Juli 1893 aufgebaut worden unter Contingentirung auf 35 Millionen Mark. Dieses Gesetz bringt nunmehr das Princip der Besteuerung nach der Leistungsfähigkeit zur vollendeten Durchführung, indem es das fundirte Einkommen besonders besteuert und auch sonst noch leistungsfähige Personen, welche die Einkommensteuer wegen momentan mangelnden Einkommens gar nicht trifft, wenigstens nach ihrem Vermögen zur Staatssteuer heranzieht.

Gleichzeitig sind durch das Gesetz wegen Aufhebung directer Staatssteuern vom 14. Juli 1893 die Gewerbesteuer vom stehenden Gewerbe mit der Betriebssteuer, die Grund- und die Gebäudesteuer für die Staatskasse außer Hebung gesetzt und den Gemeinden überlassen, die Bergwerksabgaben aber gänzlich aufgehoben worden.

Endlich ist durch das Kommunalabgabengesetz vom 14. Juli 1893 die Kommunalbesteuerung in gesundere Bahnen geleitet und so das große Reformwerk zum glänzenden Abschluß gebracht worden.

Einkommensteuergesetz.

Vom 24. Juni 1891.

(Gesetz-Sammlung von 1891, Nr. 19. S. 175—204. Ausgegeben zu Berlin den 7. Juli 1891.)

Wir **Wilhelm**, von Gottes Gnaden König von Preußen rc. verordnen, mit Zustimmung beider Häuser des Landtags Unserer Monarchie, für den Umfang derselben, mit Ausschluß der Hohenzollernschen Lande und der Insel Helgoland,[1]) was folgt:

1) Ein aus einem anderen Preußischen Gebietstheile nach Helgoland übersiedelnder Preußischer Staatsangehöriger ist von dem seinem Umzuge folgenden Monate ab nicht mehr der preußischen Einkommensteuer unterworfen. FME. v. 11. Mai 1894, Mitth.H. 30 S. 43.

I. Steuerpflicht.

1. Subjektive Steuerpflicht.

§ 1.

Einkommensteuerpflichtig sind:[1])

1) die Preußischen Staatsangehörigen,[2]) mit Ausnahme derjenigen,

a) welche, ohne in Preußen einen Wohnsitz[3]) (§. 1 Absatz 2 des Reichsgesetzes wegen Beseitigung der Doppelbesteuerung vom 13. Mai 1870, Bundes-Gesetzbl. S. 119) zu haben, in einem anderen Bundesstaate[4]) oder in einem Deutschen Schutzgebiete wohnen oder sich aufhalten;

b) welche neben einem Wohnsitz in Preußen in einem anderen Bundesstaate oder in einem Deutschen Schutzgebiete ihren dienstlichen[5]) Wohnsitz (§. 2 Absatz 3 a. a. O.) haben;

c) welche, ohne in Preußen einen Wohnsitz zu haben, seit mehr als zwei Jahren[6]) sich im Auslande[7]) dauernd aufhalten.

Auf Reichs- und Staatsbeamte,[8]) welche im Auslande ihren dienstlichen Wohnsitz haben und dort zu entsprechenden[9]) direkten Staatssteuern nicht herangezogen werden, findet die Ausnahme unter c keine Anwendung;

2) diejenigen Angehörigen anderer Bundesstaaten,

a) welche, ohne in ihrem Heimathsstaate einen Wohnsitz zu haben, in Preußen wohnen oder, ohne im Deutschen Reiche[10]) einen Wohnsitz zu haben, sich in Preußen aufhalten;

b) welche in Preußen ihren dienstlichen Wohnsitz (§. 2 Absatz 3 a. a. O.) haben;

3) diejenigen Ausländer,[11])[12]) welche in Preußen einen Wohnsitz haben, oder sich daselbst des Erwerbes wegen[13]) oder länger als ein Jahr aufhalten;[14])

4) Aktiengesellschaften,[15]) Kommanditgesellschaften auf Aktien[16]) und Berggewerkschaften,[17]) welche in Preußen einen Sitz[18]) haben, sowie diejenigen eingetragenen Genossenschaften,[19]) deren Geschäftsbetrieb über den Kreis ihrer Mitglieder hinausgeht;[20])[21])

5) Konsumvereine mit offenem Laden,[22]) sofern dieselben die Rechte juristischer Personen haben.[23])

1) Zu vgl. zu Ziffer 1—3: Art. 1 und zu Ziffer 4 und 5: Art. 26 d. A.

2a) Für die Beurtheilung der Staatsangehörigkeit sind die Vorschriften des Gesetzes über die Erwerbung und den Verlust der Bundes- und Staatsangehörigkeit, v. 1. Juni 1870 (BGB. S. 355) maßgebend. Vgl. MA. 1 zu Art. 1 d. A. Die wichtigsten hierher gehörigen Vorschriften dieses Gesetzes lauten wie folgt:

§ 2. Die Staatsangehörigkeit in einem Bundesstaate wird fortan nur begründet:

1. durch Abstammung (§ 3),
2. durch Legitimation (§ 4),
3. durch Verheirathung (§ 5),
4. für einen Deutschen durch Aufnahme und } (§§ 6 ff.)
5. für einen Ausländer durch Naturalisation } (§§ 6 ff.)

Die Adoption hat für sich allein diese Wirkung nicht.

§ 3. Durch die Geburt, auch wenn diese im Auslande erfolgt, erwerben eheliche Kinder eines Deutschen die Staatsangehörigkeit des Vaters, uneheliche Kinder einer Deutschen die Staatsangehörigkeit der Mutter.

§ 4. Ist der Vater eines unehelichen Kindes ein Deutscher und besitzt die Mutter nicht die Staatsangehörigkeit des Vaters, so erwirbt das Kind durch eine den gesetzlichen Bestimmungen gemäß erfolgte Legitimation die Staatsangehörigkeit des Vaters.

§ 5. Die Verheirathung mit einem Deutschen begründet für die Ehefrau die Staatsangehörigkeit des Mannes.

§ 6. Die Aufnahme, sowie die Naturalisation (§ 2 Nr. 4 und 5) erfolgt durch eine von der höheren Verwaltungsbehörde ausgefertigte Urkunde.

§ 9. Eine von der Regierung oder von einer Central- oder höheren Verwaltungsbehörde eines Bundesstaates vollzogene oder bestätigte Bestallung für einen in den unmittelbaren oder mittelbaren Staatsdienst oder in den Kirchen-, Schul- oder Kommunaldienst aufgenommenen Ausländer oder Angehörigen eines anderen Bundesstaates vertritt die Stelle der Naturalisations- beziehungsweise Aufnahme-Urkunde 2c.

§ 11. Die Verleihung der Staatsangehörigkeit erstreckt sich, insofern nicht dabei eine Ausnahme gemacht wird, zugleich auf die Ehefrau und die noch unter väterlicher Gewalt stehenden minderjährigen Kinder.

§ 12. Der Wohnsitz innerhalb eines Bundesstaates begründet für sich allein die Staatsangehörigkeit nicht.

§ 13. Die Staatsangehörigkeit geht fortan nur verloren:

1. durch Entlassung auf Antrag (§§ 14 ff.);
2. durch Ausspruch der Behörde (§§ 20 und 22);
3. durch zehnjährigen Aufenthalt im Auslande (§ 21);
4. bei unehelichen Kindern durch eine den gesetzlichen Bestimmungen gemäß erfolgte Legitimation, wenn der Vater einem anderen Staate angehört als die Mutter;
5. bei einer Deutschen durch Verheirathung mit dem Angehörigen eines anderen Bundesstaates oder mit einem Ausländer.

§ 14. Die Entlassung wird durch eine von der höheren Verwaltungsbehörde des Heimathsstaates ausgefertigte Entlassungs-Urkunde ertheilt.

§ 19. Die Entlassung erstreckt sich, insofern nicht dabei eine Ausnahme gemacht wird, zugleich auf die Ehefrau und die noch unter väterlicher Gewalt stehenden minderjährigen Kinder.

2b) Durch die Verleihung eines preußischen Offizier-Patentes oder durch Vokation zum Militärgeistlichen wird die preußische Staatsangehörigkeit erworben. FME. v. 28. Jan. 1888 und v. 29. Mai 1888, Mitth.H. 23 S. 7.

2c) Durch Versetzung zu den Offizieren à la suite der Armee geht die preußische Staatsangehörigkeit nicht verloren. KME. v. 7. Mai 1887. Ebenso wenig durch eine Verabschiedung aus der preußischen Armee, da diese nicht zu den im § 13 des Ges. v. 1. Juni 1870 aufgeführten Gründen gehört. Das Gleiche gilt für den Fall eines mittelst besonderer preußischer Bestallung erfolgten Eintritts in den preußischen Civildienst.

2d) Durch die Erwerbung der Staatsangehörigkeit in einem anderen Bundesstaate allein wird die Staatsangehörigkeit in Preußen nicht schon verloren. Unzweifelhaft kann man die Staatsangehörigkeit in mehreren Bundesstaaten zugleich besitzen. Siehe Entsch. d. OVG. v. 14. Juni 1893, Entsch. i. St. Bd. II S. 55.

3a) Einen „Wohnsitz" hat nach § 1 des Reichsges. v. 13. März 1870 ein Deutscher an dem Orte, an welchem er eine Wohnung unter Umständen inne hat, welche auf die Absicht der dauernden Beibehaltung einer solchen schließen lassen; als Wohnung in diesem Sinne ist jedoch nicht jedes nur zu einem zeitweiligen und vorübergehenden Aufenthalt eingerichtete oder ausreichende Absteigequartier zu verstehen, sondern es gehört dazu, daß die Wohnräume zu dauerndem Aufenthalte eingerichtet sind und dem Steuerpflichtigen für sich und seinen Haushalt standesgemäße Unterkunft gewähren. Ein früher begründeter Wohnsitz kann auch bei vorübergehender oder selbst dauernder Abwesenheit vom Orte des Wohnsitzes beibehalten werden. Zu vgl. MA. 23 zu Art. 35 d. A., Entsch. d. OVG. v. 30. Nov. 1893, Entsch. i. St. Bd. II S. 340, v. 4. Okt. 1895, Entsch. i. St. Bd. IV S. 151, v. 26. April 1897, Entsch. i. St. Bd. VI S. 18.

3b) Ein im Sinne der Vorschrift im § 1 des Reichsges. v. 13. Mai 1870 einmal begründeter Wohnsitz geht lediglich durch die Thatsache einer längere Zeit dauernden Abwesenheit nicht verloren. Der Verlust des Wohnsitzes tritt erst ein, wenn ein Merkmal des im § 1 a. a. O. bestimmten Begriffs nicht mehr zutrifft, sei es das thatsächliche Innehaben einer Wohnung, sei es die Absicht, eine solche beizubehalten. Entsch. d. OVG. v. 22. Dez. 1892, Entsch. i. St. Bd. I S. 83. (Zu vgl. auch § 20 des Ges.)

3c) Geisteskranke, die auf vormundschaftliche Anordnung dauernd in einer Irrenanstalt untergebracht sind, haben ihren Wohnsitz daselbst. Mitth.H. 23 S. 13.

3d) Behufs ihrer Ausbildung als Lehrlinge, Schüler, Studenten auswärts unterhaltene Minderjährige begründen keinen besonderen Wohnsitz am Ausbildungsorte. Zu vgl. Entsch. d. OVG. v. 22. Dez. 1892, Entsch. i. St. Bd. I S. 83.

4) Den Bundesstaaten steht das Reichsland Elsaß-Lothringen gleich. MA. 3 zu Art. 1 d. A.

5) Als „dienstlicher Wohnsitz“ gilt derjenige Ort, an welchem ein Beamter oder Offizier nach den für ihn maßgebenden dienstlichen Vorschriften verpflichtet ist, Wohnung zu nehmen. Art. 35 Ziffer 2 d. A.

6a) Bei Berechnung der zweijährigen Dauer werden die verschiedenen Abschnitte eines unterbrochenen Aufenthalts im Auslande nicht zusammengerechnet. Vgl. Art. 1 d. A.

6b) Eine nur vorübergehende, z. B. besuchsweise Rückkehr nach dem Inlande begründet den Wiedereintritt der einmal erloschenen Steuerpflicht nicht. Art. 1 d. A.

7) „Ausland“ im Sinne des Einkommensteuergesetzes bedeutet nur, „was nicht zum Bundesgebiet oder Schutzgebiet gehört“. Entsch. d. OVG. v. 17. Jan. 1893, Entsch. i. St. Bd. I S. 118. Vgl. auch MA. 4 zu Art. 1 d. A.

8) Die Bestimmung erstreckt sich auch auf Offiziere. Vgl. Art. 1 d. A.

9) Die Annahme einer entsprechenden Besteuerung, deren Nachweis dem betheiligten Beamten obliegt, wird durch die abweichende Form der ausländischen Steuer nicht ausgeschlossen. Art. 1 d. A.

10) Zum „Deutschen Reiche“ in diesem Sinne gehören auch die Schutzgebiete. Zu vgl. § 6 Abs. 3 des Ges. v. 15. März 1888 (RGB. 1888 S. 71.)

11) Unter „Ausland“ und „Ausländer“ sind nur außerdeutsche Staaten und Angehörige derselben zu verstehen.

12) Ausländer, welche nicht des Erwerbes wegen in Preußen einen Wohnsitz haben oder sich daselbst aufhalten, sind mit ihrem Einkommen aus ausländischem Grundbesitz oder Gewerbebetriebe der Einkommensteuer nicht unterworfen (siehe § 6 Nr. 2 d. Ges.).

13) Mit dem Aufenthalt „des Erwerbes wegen“ braucht nicht immer ein Gewerbebetrieb verbunden sein. Gewerbebetrieb ist aber stets eine Beschäftigung um des Erwerbes willen. Es ist nicht Voraussetzung für die Steuerpflicht, daß der Betreffende des Erwerbes wegen nach Preußen gekommen ist, es ist allein entscheidend, daß er sich in Preußen des Erwerbes wegen aufhält. Entsch. d. OVG. v. 28. Jan. 1897, Entsch. i. St. Bd. VI S. 294.

14) Der Aufenthalt in Preußen muß ein ununterbrochener sein; es ist aber gleichgültig, ob er an dem-

selben oder an verschiedenen Orten des Staates stattfindet. Durch eine vorübergehende Abwesenheit wird die einmal begründete Steuerpflicht des Ausländers nicht aufgehoben. Art. 1 d. A. Der Aufenthalt in Preußen muß auch von einer gewissen Stetigkeit oder von ständiger Dauer sein. Zu vgl. Entsch. d. OVG. v. 23. Dez. 1897, Entsch. i. St. Bd. VI S. 290.

15) Zu vgl. Aktien-Ges. v. 18. Juli 1884 (RGB. S. 123) Art. 207. Siehe Entsch. d. OVG. v. 16. Nov. 1894 (Aktienges. in Liquidation), Entsch. i. St. Bd. III S. 117.

16) Zu vgl. HGB. Art. 150 und Aktien-Ges. Art. 173.

17a) Zu vgl. Berg-Ges. v. 24. Juni 1865 (GS. S. 705) § 94. Eine Verschiedenheit in der steuerlichen Behandlung der Gewerkschaften des älteren und solcher des neueren Rechts ist nicht gerechtfertigt. Entsch. d. OVG. v. 17. Nov. 1893, Entsch. i. St. Bd. II S. 318. Zu vgl. auch Entsch. d. OVG. v. 27. Sept. 1893 (Ueberlassung der Grubenfelder an eine andere Gesellschaft zur Ausbeutung), Entsch. i. St. Bd. II S. 205, v. 9. Juni 1894 (Ausbeutung von Soolquellen und Salinenbetrieb), Entsch. i. St. Bd. III S. 65, v. 25. Nov. 1897 (Ausbeutung von Soolquellen in Niederhessen), Entsch. i. St. Bd. VI S. 263.

17b) Eine Bergwerksgesellschaft, welche bei dem Inkrafttreten des Allgemeinen Berggesetzes v. 24. Juni 1865 eine Gewerkschaft nicht war, auf welche auch die in diesem Gesetze geregelte Gewerkschaftsform nicht Anwendung finden kann, ist der Einkommensteuerpflicht nicht unterworfen. Entsch. d. OVG. v. 21. Febr. 1894, Entsch. i. St. Bd. III S. 9.

18a) Ob ein Sitz in Preußen begründet ist, ergiebt sich nöthigenfalls aus dem Inhalt des Gesellschaftsvertrages oder Statuts, bei Berggewerkschaften aus der Belegenheit des Bergwerks, bei Konsumvereinen aus der Bestätigungsurkunde. Art. 26 Ziffer 1 d. A.

18b) Nur diejenigen Aktiengesellschaften unterliegen der unbeschränkten Steuerpflicht, deren statutenmäßiger Sitz sich in Preußen befindet. Entsch. d. OVG. v. 18. Okt. 1893, Entsch. i. St. Bd. II S. 264, v. 9. Juni 1894, Entsch. i. St. Bd. III S. 55.

18c) Die Voraussetzung eines Sitzes in Preußen besteht auch für die Besteuerung der eingetragenen Genossenschaften und der Konsumvereine.

19) Vgl. Reichsges., betr. die Erwerbs- und Wirthschaftsgenossenschaften v. 1. Mai 1889 (RGB. S. 55) § 1.

20a) Die Unterlagen für die Feststellung der Thatsache, daß der Geschäftsbetrieb über den Kreis der Mitglieder hinausgeht, sind von der Steuerbehörde von Amtswegen zu beschaffen. Entsch. d. OVG. v. 1. Juni 1897, Entsch. i. St. Bd. VI S. 218.

20b) Daß der Geschäftsbetrieb über den Kreis der Mitglieder hinausgeht, ist nicht schon dann anzunehmen, wenn die Gesellschaft mit Nichtmitgliedern überhaupt in Geschäftsverkehr tritt, sondern erst dann, wenn die Genossenschaft Nichtmitglieder an denjenigen Zwecken theilnehmen läßt, zu deren Erreichung sie gebildet worden ist. Art. 26 Ziffer 3 d. A. Zu vgl. Entsch. d. OVG. v. 17. April 1893, Entsch. i. St. Bd. I S. 324, v. 31. Mai 1893, Entsch. i. St. Bd. II S. 28, v. 24. Jan. 1894, Entsch. i. St. Bd. II S. 368, v. 9. April 1895, Entsch. i. St. Bd. IV S. 49, v. 21. Sept. 1897, Entsch. i. St. Bd. VI S. 234.

21) Treffen die Voraussetzungen der Steuerpflicht bei einer Genossenschaft zu, so findet bei Berechnung des steuerpflichtigen Einkommens eine Unterscheidung zwischen dem durch den Verkehr mit Mitgliedern und dem durch den Verkehr mit Nichtmitgliedern erzielten Gewinne nicht statt. Vgl. Art. 26 Ziffer 3 Abs. 2 d. A.

22) Als offener Laden ist nicht nur ein mit Waarenauslagen und sonstigen Einrichtungen zur An-

ziehung des Publikums (Schaufenster u. s. w.) versehenes Geschäft, sondern überhaupt jedes Lokal anzusehen, welches zum Verkaufe von vorhandenen Waarenvorräthen im Kleinverkehr an das Publikum dient. Vgl. A. zum Gewerbesteuergeſ. Art. 11 Ziffer 2. Nach der Rechtsprechung des OVG. (Entsch. v. 11. April 1893, Entsch. i. St. Bd. I S. 300) kann einem Laden der Charakter eines offenen nur etwa dadurch genommen werden, daß der ungehinderte Zugang durch Herstellung von Einrichtungen aufgehoben wird, welche zunächst dem freien Eintritt eines Jeden entgegenstehen und den Eintritt von Nichtmitgliedern unbedingt ausschließen. Für diesen Zweck genügen Erklärungen des Konsumvereins in den Statuten, daß der Verkauf nur an Mitglieder stattfinde; Bekanntmachungen in öffentlichen Blättern, Tafeln und Plakate vor oder im Laden, durch welche Nichtmitgliedern der Eintritt untersagt wird, nicht.

23) Andere als die unter den Ziffern 4 und 5 benannten juristischen Personen, Korporationen, Gesellschaften, Vermögensmassen oder Personenvereine sind als solche der Einkommensteuer nicht unterworfen. Art. 26 Ziffer 4 d. A. Insbesondere auch nicht Konsumvereine, die die Rechte juristischer Personen nicht haben. Entsch. d. OVG. v. 25. Sept. 1894, Entsch. i. St. Bd. III S. 91. Siehe auch Entsch. d. OVG. v. 11. April 1893, Entsch. i. St. Bd. I S. 300. Die Gesellschaften mit beschränkter Haftung (RG. v. 20. April 1892) unterliegen als solche der Einkommensteuer nicht. FME. v. 10. März 1893, Mitth.H. 26 S. 8. Siehe auch Entsch. d. OVG. v. 12. März 1895, Entsch. i. St. Bd. IV S. 21. — Eine offene Handelsgesellschaft darf als solche nicht zur Einkommensteuer veranlagt werden. Entsch. d. OVG. v. 1. Nov. 1893, Entsch. i. St. Bd. II S. 295, v. 27. März 1897, Entsch. i. St. Bd. V S. 367. Eine gemeinschaftliche Veranlagung von Miterben ist unzulässig. Entsch. d. OVG. v. 4. Mai 1893.

§ 2.

Ohne Rücksicht auf Staatsangehörigkeit, Wohnsitz oder Aufenthalt unterliegen der Einkommensteuer alle Personen mit dem Einkommen [1])

a) aus den von der Preußischen Staatskasse [2]) gezahlten Besoldungen, Pensionen und Wartegeldern;

b) aus Preußischem Grundbesitz und aus Preußischen Gewerbe- oder Handelsanlagen oder sonstigen gewerblichen Betriebsstätten.[3])

Die Bestimmung zu b findet auch auf Aktiengesellschaften, Kommanditgesellschaften auf Aktien, Berggewerkschaften und die im §. 1 Nr. 4 und 5 bezeichneten eingetragenen Genossenschaften Anwendung.

1a) Die §§ 18 und 19 des Einkommensteuergesetzes sind nicht anwendbar, wenn nur Steuerpflicht des § 2 des Einkommensteuergesetzes vorliegt, Entsch. d. OVG. v. 16. Okt. 1893, Entsch i. St. Bd. II S. 145. Ebenso nicht § 11 des Einkommensteuergesetzes. Siehe § 11 letzter Abs.

1b) Aufrechnung von Verlust und Gewinn aus verschiedenen Einkommensquellen findet auch bei Berechnung des nur nach § 2 des Einkommensteuergesetzes steuerpflichtigen Einkommens statt. Entsch. d. OVG. v. 29. Dez. 1897, Entsch. i. St. Bd. VI S. 322.

2a) Die auf Rechnung der Reichskasse oder der Kassen von kommunalen oder anderen öffentlichen Verbänden von der Staatskasse gezahlten Bezüge fallen unter diese Vorschrift nicht. MA. zu Art. 2 d. A. Siehe auch Entsch. d. OVG. v. 30. Nov. 1893 u. v. 22. Sept. 1893, Entsch. i. St. Bd. II S. 340 u. 343. Der Bezug eines Ruhegehalts aus dem Pensionsfonds der evangelischen Landeskirche hat, wenn auch die Zahlung durch eine Preußische Regierungs-Hauptkasse erfolgt, die Steuerpflicht nicht zur Folge. Entsch. d. OVG. v. 21. Febr. 1895, Entsch. i. St. Bd. IV S. 9. Dagegen gelten die Kasse der Preuß. Wittwen-Verpflegungsanstalt und die Preuß. Civilpensionskasse als Staatskassen. FME. v. 18. Juli 1872.

Deutsche Militärpersonen, einschließlich der württembergischen, erhalten ihre Besoldung aus der Reichskasse. Nur die bayerischen Militärpersonen werden aus der bayerischen Staatskasse besoldet.

2b) Die Vorschrift im § 2a des Ges. findet auf Personen, welche nicht im Militär- oder Beamtenverhältniß stehen, bezw. gestanden haben, keine Anwendung. Entsch. d. OVG. v. 11. April 1893, Entsch. i. St. Bd. I S. 346, v. 20. Nov. 1894, Entsch. i. St. Bd. III S. 120.

2c) Im Falle der Besteuerung wegen Besoldung aus der preuß. Staatskasse nach § 2 des Einkommensteuergesetzes dürfen von dieser Besoldung völlig unabhängige Ausgaben bei Berechnung des steuerpflichtigen Einkommens nicht abgezogen werden. Entsch. d. OVG. v. 13. Juni 1894, Entsch. i. St. Bd. III S. 68, v. 23. Nov. 1894 u. 16. Nov. 1894, Entsch. i. St. Bd. III S. 137 ff.

2d) Ein Steuerpflichtiger, welcher Gehalt aus der preußischen Staatskasse bezieht und nach § 2a des Einkommensteuergesetzes zur preußischen Einkommensteuer zu veranlagen ist, darf von seinem Einkommen die in § 9 Nr. 6 des Einkommensteuergesetzes genannten Kassenbeiträge in Abzug bringen, sofern die Verpflichtung zu der Entrichtung der Beträge durch eine gesetzliche oder anderweite rechtliche Vorschrift mit seinem Amte verbunden ist, der Beitritt zu der Kasse also nicht von seinem freien Willen abgehangen hat. Die entgegenstehende Vorschrift in Art. 25 Nr. 3 d. A. ist abgeändert durch FME. v.

22. Juli 1897, Mitth.H. 35 S. 12. Zu vgl. Entsch. d. OVG. v. 24. Mai 1897, Entsch. i. St. Bd. VI S. 111.

2e) Ueber die Abzugsfähigkeit von Schuldenzinsen im Falle beschränkter Steuerpflicht zu vgl. Art. 24 Ziffer 5 d. A. u. Entsch. d. OVG. v. 2. Okt. 1893, Entsch. i. St. Bd. II S. 107, sowie v. 25. Juni 1897, Entsch. i. St. Bd. VI S. 154.

3) Als solche gelten nicht nur die dem Gewerbebetriebe dienenden, sichtbaren Anstalten, wie Zweigniederlassungen, Speicher, Waarenlager, Verkaufsstellen, Komptoire, sondern es genügt die Ausübung des stehenden Gewerbebetriebes in Preußen durch ständig zu diesem Zwecke sich daselbst aufhaltende Geschäftstheilnehmer, Prokuristen, Agenten oder andere ständige Vertreter. Art. 2 d. A. Zu vgl. auch Entsch. d. OVG. v. 5. Juni 1893, Entsch. i. St. Bd. I S. 390. Wenn die Mittelsperson zu dem auswärtigen Geschäftsinhaber nicht in einem persönlichen Abhängigkeitsverhältnisse steht, ist ein Preußischer stehender Gewerbebetrieb nicht anzunehmen. Entsch. d. OVG. v. 18. Juni 1896, Entsch. i. St. Bd. V S. 163.

§ 3.

Von der Einkommensteuer sind befreit:[1])

1) die Mitglieder des Königlichen Hauses und des Hohenzollernschen Fürstenhauses;
2) die Mitglieder des vormaligen Hannoverschen Königshauses, des vormaligen Kurhessischen und des vormaligen Herzoglich Nassauischen Fürstenhauses;
3) die bei dem Kaiser und Könige beglaubigten Vertreter fremder Mächte und die Bevollmächtigten anderer Bundesstaaten zum Bundesrathe, die ihnen zugewiesenen Beamten,

sowie die in ihren und ihrer Beamten Diensten stehenden Personen, soweit sie Ausländer sind;

4) diejenigen Personen, denen sonst nach völkerrechtlichen Grundsätzen oder nach besonderen, mit anderen Staaten getroffenen Vereinbarungen ein Anspruch auf Befreiung von der Einkommensteuer zukommt.

Die Befreiungen zu Nr. 3 und 4 erstrecken sich nicht auf das nach §. 2 steuerpflichtige Einkommen [2]) und bleiben in denjenigen Fällen ausgeschlossen, in welchen in den betreffenden Staaten Gegenseitigkeit nicht gewährt wird.

1) Siehe Art. 34 d. A.

2) Ein unmittelbarer Geschäftsverkehr mit den Vertretern fremder Mächte ist den Steuerbehörden nicht gestattet. Siehe FME. v. 3. Febr. 1896, Mitth.H. 33 S. 26.

§ 4.

Die Häupter und Mitglieder der Familien vormals unmittelbarer Deutscher Reichsstände, welchen das Recht der Befreiung von ordentlichen Personalsteuern zusteht, werden zu der Einkommensteuer von dem Zeitpunkte ab herangezogen, in welchem durch besonderes Gesetz die Entschädigung für die aufzuhebende Befreiung von der Einkommensteuer geregelt sein wird.[1])

1) Zu vgl. Ges., betr. die Aufhebung der Befreiung von ordentlichen Personalsteuern gegen Entschädigung v. 18. Juli 1892 (GS. S. 210), durch welches die Per-

sonalsteuerbefreiung der Reichsunmittelbaren gegen einmalige Kapitalabfindung v. 1. April 1893 ab aufgehoben worden ist.

2. Objektive Steuerpflicht.

A. Allgemeine Grundsätze.

§ 5.

Die Steuerpflicht beginnt mit einem Einkommen von mehr als 900 Mark.[1])

1) Die Vorschrift erstreckt sich auf physische wie auf nicht-physische Personen. Art. 34 III d. A.

§ 6.

Von der Besteuerung sind ausgeschlossen:

1) das Einkommen aus den in anderen Deutschen Bundesstaaten oder in einem Deutschen Schutzgebiete belegenen Grundstücken,[1]) den daselbst betriebenen Gewerben,[2]) sowie aus Besoldungen, Pensionen und Wartegeldern, welche Deutsche Militärpersonen[3]) und Civilbeamte,[4]) sowie deren Hinterbliebene aus der Kasse[5]) eines anderen Bundesstaates beziehen (§. 4 des Gesetzes vom 13. Mai 1870, Bundes-Gesetzbl. S. 119);

2) das Einkommen der nach §. 1 Nr. 3 steuerpflichtigen Ausländer aus ausländischem Grundbesitz oder Gewerbebetrieb, sofern dieselben nicht des Erwerbes wegen in Preußen

einen Wohnsitz haben oder sich daselbst aufhalten;

3) das Militäreinkommen[6]) der Personen des Unteroffizier-[7]) und Gemeinenstandes, sowie während der Zugehörigkeit zu einem in der Kriegsformation befindlichen Theile des Heeres oder der Marine das Militäreinkommen aller Angehörigen des aktiven Heeres und der aktiven Marine;[8])

4) der das persönliche pensionsberechtigende Gehalt übersteigende Theil des dienstlichen Einkommens derjenigen Staats- und Reichsbeamten und Offiziere, welche ihren dienstlichen Wohnsitz im Auslande haben. Sofern dieselben im Auslande zu entsprechenden direkten Staatssteuern herangezogen werden, bleibt auch das persönliche pensionsberechtigende Gehalt frei;

5) die auf Grund gesetzlicher Vorschrift den Kriegsinvaliden gewährten Pensionserhöhungen und Verstümmelungszulagen,[9]) sowie die mit Kriegsdekorationen verbundenen Ehrensolde.[10])

1a) Das Einkommen aus im außerdeutschen Auslande belegenen Grundbesitz ist abweichend von der früheren Gesetzgebung auch dann zur Steuer heranzuziehen, wenn es im Auslande mit einer gleichartigen Steuer belastet ist.

1 b) Ebenso wie Einnahmen aus dem in einem anderen Bundesstaate belegenen Grundbesitze in Preußen nicht

steuerpflichtig sind, kommt auch ein bei solchem Besitze erlittener Betriebsverlust nicht in Abzug. Entsch. d. OVG. v. 16. Okt. 1893, Entsch. i. St. Bd. II S. 149.

2) Siehe § 12b und Anm. 3, 4, 5 zu jenem Paragraphen.

3) Zu vgl. § 4 des Militär-Strafgesetzbuchs für das Deutsche Reich v. 20. Juni 1872, welcher bestimmt:

Unter Militärpersonen sind die Personen des Soldatenstandes und die Militärbeamten zu verstehen, welche zum Heer oder zur Marine gehören.

4) Zu vgl. Entsch. d. OVG. v. 18. Juni 1897, Entsch. i. St. Bd. VI S. 207.

5) Zu vgl. Anm. 2a zu § 2. Die Heranziehung einer Pension, die ein in Preußen Steuerpflichtiger bezieht, ist nur dann ausgeschlossen, wenn ein anderer Bundesstaat (nicht das Reich) zur Zahlung verpflichtet ist. Entsch. d. OVG. v. 30. Nov. 1893, Entsch. i. St. Bd. II S. 329.

6) Die an Stelle der Militärlöhnung tretende Leistung der Civilbehörde an einen zu einer solchen behufs Probedienstleistung kommandirten, noch im aktiven Dienste befindlichen Unteroffizier gilt als dessen steuerfreies Militäreinkommen. FME. v. 19. Jan. 1878, Mitth.H. 7 S. 40.

7a) Zum Unteroffiziers- bezw. Gemeinenstande gehören insbesondere auch die Feldwebel und Feldjäger (nicht aber auch die Oberjäger und die Feldjäger im Dienst des reitenden Feldjäger-Korps, Entsch. d. OVG. v. 18. Okt. 1895, Entsch. i. St. Bd. IV S. 168), sowie alle diejenigen Militärpersonen, welche ihrem Range nach den Unteroffizieren gleich stehen, wie Roßärzte, Unterroßärzte (nicht auch Korpsroßärzte und Oberroßärzte), Festungsbauschreiber, Wallmeister, Lazarethaufseher, Kadettenhausverwalter. MA. 7 zu Art. 3 d. A. Büchsenmacher und Sattler der Truppentheile gehören **nicht** zu den Personen des Unteroffizier- und Gemeinenstandes.

Auch mit ihrem dienstlichen Einkommen sind sie daher zur Einkommensteuer heranzuziehen. FME. v. 23. Okt. 1895, Mitth.H. 33 S. 3, Entsch. d. OVG. v. 14. Febr. 1895, Entsch. i. St. Bd. IV S. 169.

7b) Steuerfrei ist auch das Diensteinkommen der Wachtmeister und Mannschaften der Landgendarmerie. Art. 3 II Ziffer 3 d. A.

8) Ist dieser Vorschrift entgegen steuerfreies Militäreinkommen irrthümlich zur Steuer veranlagt worden, so hat die Abgangstellung von Amtswegen zu geschehen und die Rückzahlung zu Unrecht erhobener Steuerbeträge ist nicht von rechtzeitiger Anfechtung der Veranlagung durch die ordentlichen Rechtsmittel abhängig zu machen. Vgl. Art. 78 I Abs. 3 d. A., FME. v. 31. Okt. 1892, Mitth.H. 25 S. 10 und FME. v. 16. April 1898, Mitth.H. 35 S. 35.

9a) Nicht auch die sonstigen Pensionsbeträge. Es kommen zur Zeit in Betracht:

a) die preußischen Gesetze:
v. 6. Juli 1865 (GS. S. 777), v. 16. Okt. 1866 (GS. S. 647), v. 9. Febr. 1867 (GS. S. 217).

b) die Reichsgesetze:
v. 27. Juni 1871 (RGB. S. 275) (§§ 12, 13, 48, 56, 71, 72, 90), v. 4. April 1874 (RGB. S. 25).

Siehe MA. 8 zu Art. 3 d. A.

Zu beachten ist, daß nach Art. 18 des Reichsgesetzes v. 22. Mai 1893 auch die an Friedensinvaliden gewährten Verstümmelungszulagen steuerfrei zu belassen sind. Das dort gewährte Vorrecht geht also weiter als das hier im Einkommensteuergesetz begründete. Zu vgl. FME. v. 18. Dez. 1897, Mitth.H. 35 S. 4 und Entsch. d. OVG. v. 26. Mai 1897, Entsch. i. St. Bd. VI S. 127.

9b) Die auf Grund des § 9 des Reichsgesetzes v. 22. März 1891, betr. die Kaiserliche Schutztruppe für Deutsch Ostafrika, gewährten Pensionserhöhungen sind von der Besteuerung gleichfalls ausgeschlossen. FME. v. 14. Okt. 1897, Mitth.H. 35 S. 5.

9c) Die den Kriegsinvaliden gewährte Zulage für den Civilversorgungsschein (Anstellungsentschädigung) stellt sich als Pensionserhöhung dar und ist deshalb von der Besteuerung ausgeschlossen. Entsch. d. OVG. v. 14. Jan. 1898, Entsch. i. St. Bd. VI S. 324.

10) Zur Zeit fallen die mit dem Besitze des eisernen Kreuzes, des Militär-Ehrenzeichens I. Klasse und des Militär-Verdienstkreuzes verbundenen Ehrensolde bezw. Zulagen unter diese Bestimmung. MA. 9 zu Art. 3 d. A. und FME. v. 6. März 1897, Mitth.H. 34 S. 4.

§ 7.

Als Einkommen gelten die gesammten Jahreseinkünfte[1] [2]) der Steuerpflichtigen in Geld und Geldeswerth aus:

1) Kapitalvermögen,
2) Grundvermögen, Pachtungen und Miethen, einschließlich des Miethswerthes der Wohnung im eigenen Hause,
3) Handel und Gewerbe[3]) einschließlich des Bergbaues,
4) Gewinn bringender Beschäftigung, sowie aus Rechten auf periodische Hebungen und Vortheile irgend welcher Art, soweit diese Einkünfte nicht schon unter Nr. 1 bis 3 begriffen sind.

1a) Zum steuerpflichtigen Einkommen gehören auch die Einkünfte aus einer Erbschaft, auf welche der Zensit ein Recht hat, obwohl er sich thatsächlich noch nicht im Besitze der Erbschaft und im Bezuge der

Einkünfte befindet. Entsch. d. OVG. v. 7. Febr. 1893, Entsch. i. St. Bd. I S. 168, v. 10. Okt. 1893, Entsch. i. St. Bd. II S. 244.

1b) Einkünfte aus einem in Zwangsverwaltung befindlichen Familienfideikommiß sind nicht als persönliche Jahreseinkünfte des Fideikommiß-Inhabers anzusehen. Entsch. d. OVG. v. 19. März 1894, Entsch. i. St. Bd. II S. 459. Siehe auch Entsch. d. OVG. v. 9. April 1895, Entsch. i. St. Bd. IV S. 50.

2a) Unter „Jahreseinkünfte" ist dasjenige Einkommen zu verstehen, welches wirthschaftlich dem Steuerjahre angehört und zwar ohne Rücksicht auf den Zeitpunkt des Eingangs. Daher verbleibt eine für zehn Jahre vorausbezahlte Miethe Jahreseinnahme für jedes dieser zehn Jahre. Entsch. d. OVG. v. 30. April 1897, Entsch i. St. Bd. VI S. 24.

2b) Auch die für den Rest eines Steuerjahres zu bewirkende Veranlagung hat stets in der Form zu erfolgen, daß mit Jahreseinkünften gerechnet und ein Jahressteuersatz festgesetzt wird. Entsch. d. OVG. v. 25. Nov. 1897, Entsch. i. St. Bd. VI S. 314.

3) Das im § 7 Nr. 3 als Einkommensquelle bezeichnete „Gewerbe" hat begrifflich eine erlaubte, auf Gewinn und Erwerb gerichtete Thätigkeit zur Voraussetzung. Gewinn aus Kuppelei ist daher z. B. nicht steuerpflichtig. Entsch. d. OVG. v. 20. März 1893, Entsch. i. St. Bd. I S. 282.

§ 8.

Außerordentliche Einnahmen aus Erbschaften,[1]) Schenkungen, Lebensversicherungen, aus dem nicht gewerbsmäßig oder zu Spekulationszwecken unternommenen Verkauf von Grundstücken und ähnliche Erwerbungen[2]) gelten nicht als steuerpflichtiges

Einkommen, sondern als Vermehrung des Stammvermögens und kommen ebenso wie Verminderungen des Stammvermögens[3]) nur insofern in Betracht, als die Erträge des letzteren dadurch vermehrt oder vermindert werden.

1) Vgl. aber hinsichtlich der Einkünfte aus Erbschaften § 7 und Anm. 1a zu § 7.

2a) Z. B. Lotteriegewinne, Einnahmen aus Spiel und Wette, akademische Preise für wissenschaftliche Leistungen. Entsch. d. OVG. v. 9. Okt. 1894, Entsch. i. St. Bd. III S. 103.

2b) Tritt für den Käufer bedingter Zinsforderungen der Erwerb einer Zinsrate ein, so ist ihm weder Einkommen aus Kapitalvermögen noch solches aus Rechten auf periodische Hebungen anzurechnen, ihm fließt vielmehr nur eine außerordentliche, nicht steuerpflichtige Einnahme zu. Entsch. d. OVG. v. 14. Juni 1897, Entsch. i. St. Bd. VI S. 197.

3a) Ueber „Vermögens- und Kapitalverluste" zu vgl. Art. 4 d. A. II 3.

3b) Der Erlös des Eigenthümers eines Forstgrundstücks für Windbruch gilt nicht als steuerpflichtiges Einkommen, sondern ist wie das Ergebniß aller außergewöhnlichen Abtriebe unter dem Gesichtspunkte der Minderung des Holzbestandskapitals zu betrachten. Entsch. d. OVG. v. 19. Sept. 1895, Entsch. i. St. Bd. IV S. 148. Siehe auch Art. 13 d. A. und FME. v. 10. Dez. 1891, Mitth. H. 25 S. 4.

3c) Einnahmen aus der Verpachtung von Grundstücken zum Abziegeln gehören nicht hierher, sondern stellen Einkommen aus Grundvermögen dar. Entsch. d. OVG. v. 16. Mai 1895, Entsch. i. St. Bd. IV S. 63.

3d) Im Gewerbebetriebe durch Unbeibringlichkeit einer Forderung oder durch Kursrückgang entstehende Verluste vermindern den Geschäftsgewinn. Entsch. d. OVG. v. 7. März 1893, Entsch. i. St. Bd. I S. 247 und v. 18. Mai 1893, Entsch. i. St. Bd. II S. 1.

3e) Ein durch Diebstahl verursachter Verlust eines dem Gewerbebetriebe dienenden Geldbetrages mindert das gewerbliche Einkommen. Entsch. d. OVG. v. 11. Juli 1895, Entsch. i. St. Bd. IV S. 142.

§ 9.

I. Von dem Einkommen (§. 7) sind in Abzug zu bringen:

1) die zur Erwerbung,[1] Sicherung[2] und Erhaltung[3] des Einkommens verwendeten Ausgaben, einschließlich auch der unter den Kommunalabgaben begriffenen Deichlasten;

2) die von den Steuerpflichtigen zu zahlenden Schuldenzinsen[4] und Renten,[5] soweit dieselben nicht auf Einnahmequellen haften, welche bei der Veranlagung außer Betracht zu lassen sind (§. 6 Nr. 1 und 2).

Erstreckt sich die Besteuerung lediglich auf das im §. 2 bezeichnete Einkommen, so sind nur die Zinsen solcher Schulden abzugsfähig, welche auf den inländischen Einkommensquellen haften oder für deren Erwerb aufgenommen sind;[6]

3) die auf besonderen Rechtstiteln beruhenden dauernden Lasten;[7]

4) die von dem Grundeigenthume, dem Bergbau und dem Gewerbebetriebe zu entrichtenden direkten Staatssteuern,[8]) sowie solche indirekte Abgaben, welche zu den Geschäftsunkosten zu rechnen sind;[9])

5) die regelmäßigen jährlichen Absetzungen für Abnutzung von Gebäuden, Maschinen, Betriebsgeräthschaften u. s. w., soweit solche nicht bereits unter den Betriebsausgaben verrechnet sind;[10])

6) die von den Steuerpflichtigen gesetz- oder vertragsmäßig zu entrichtenden Beiträge zu Kranken-, Unfall-, Alters- und Invalidenversicherungs-, Wittwen-, Waisen- und Pensionskassen;[11])

7) Versicherungsprämien, welche für Versicherung des Steuerpflichtigen auf den Todes- oder Lebensfall[12]) gezahlt werden, soweit[13]) dieselben den Betrag von 600 Mark jährlich nicht übersteigen.

II. Nicht abzugsfähig sind dagegen insbesondere:

1) Verwendungen zur Verbesserung und Vermehrung des Vermögens, zu Geschäftserweiterungen, Kapitalanlagen oder Kapitalabtragungen,[14]) welche nicht lediglich als durch eine gute Wirthschaft gebotene und aus den Betriebseinnahmen zu deckende Ausgaben anzusehen sind;[15])

2) die zur Bestreitung des Haushalts der Steuerpflichtigen und zum Unterhalte ihrer Angehörigen gemachten Ausgaben, einschließlich des Geldwerthes der zu diesen Zwecken verbrauchten Erzeugnisse und Waaren des eigenen landwirthschaftlichen oder gewerblichen Betriebes.[16])

1a) Die im Einzelnen behufs Erwerbung des Einkommens aus Grundvermögen aufzuwendenden und daher abzugsfähigen „Bewirthschaftungskosten" sind in Art. 11 d. A. unter II aufgeführt, die für Holzungen in Betracht kommenden in Art. 13 Ziffer 2, für Gebäude in Art. 16 I Ziffer 2 bezw. II. Ueber die bei Berechnung des Einkommens aus Handel und Gewerbe abzugsfähigen „Betriebskosten" siehe Art. 18 II d. A. Vgl. auch Anm. 6a zu § 13 und 2c zu § 14 des Ges.

1b) Ausgaben eines Richters für Anschaffung von Büchern, die der juristischen Fachlitteratur angehören, sind nicht abzugsfähig. Entsch. d. OVG. v. 17. Juni 1893, Entsch. i. St. Bd. II S. 73. Desgleichen nicht die eines Arztes für Anschaffung medicinischer Zeitschriften und Bücher. Entsch. d. OVG. v. 16. Nov. 1895, Entsch. i. St. Bd. IV S 196.

1c) Die Kosten des beim Ankauf eines Grundstücks gezahlten Immobiliarkaufstempels stellen eine abzugsfähige Ausgabe nicht dar. Entsch. d. OVG. v. 27. Juli 1893, Entsch. i. St. Bd. II S. 171.

1d) Erbschaftssteuer ist nicht abzugsfähig, auch dann nicht, wenn sie in Folge des Anfalles eines Fideicommisses zu entrichten ist. Entsch. d. OVG. v. 20. Nov. 1894, Entsch. i. St. Bd. III S. 134.

1e) Ausgaben für Fahrten zwischen Wohnung und Arbeitsstelle sind nicht abzugsfähig. Entsch. d. OVG. v. 22. Juni 1893, Entsch. i. St. Bd. II S. 77.

2) Ausgaben für Versicherung des Haushaltungsmobiliars sind nicht abzugsfähig. Entsch. d. OVG. v. 14. März 1893, Entsch. i. St. Bd. I S. 281. Im Uebrigen sind die Beiträge für alle Arten der Sachversicherung abzugsfähig. Zu vgl. Art. 11 II Ziffer 3, Art. 15, Art. 16 I Ziffer 2b, Art. 18 II Ziffer 2 d. A.

3a) Das einem Vormunde zugebilligte Honorar gehört zu den Verwaltungskosten und ist vom Einkommen des Mündels abzuziehen. Entsch. d. OVG. v. 17. Jan. 1890, Entsch. i. St. Bd. I S. 121.

3b) Vermögensverwaltungskosten, z. B. Depotgebühren bei der Reichsbank, sind abzugsfähig. Entsch. d. OVG. v. 8. März 1895, Entsch. i. St. Bd. IV S. 11.

3c) Ueber Abzugsfähigkeit der Kosten für einen Haushälter siehe Entsch. d. OVG. v. 7. März 1893, Entsch. i. St. Bd. I S. 249.

3d) Zu den abzugsfähigen Ausgaben gehören nicht ein dem Vermiether zur Last fallendes Abstandsgeld und einmalige Aufwendungen für besondere Einrichtung der vermietheten Räume im Interesse des Miethers. Entsch. d. OVG. v. 6. April 1893, Entsch. i. St. Bd. I S. 297.

4a) Vgl. Art. 24 d. A., siehe auch Anm. 5a zu diesem Paragraphen.

4b) Schuldenzinsen sind auch dann abzugsfähig, wenn das angeliehene Kapital zu Spekulationszwecken oder zur Vermögensverbesserung angelegt oder verwendet ist (Hypotheken auf Bauterrains). Entsch. d. OVG. v. 24. Nov. 1892, Entsch. i. St. Bd. I S. 48. Zu vgl. auch FME. v. 31 Jan. 1893, Mitth. H. 26 S. 5, durch welchen Art. 24 Ziffer 4 d. A. entsprechend modifizirt worden ist.

4c) Nicht die thatsächliche Entrichtung der Schuldenzinsen bedingt den Abzug, sondern das Bestehen der rechtlichen Verpflichtung dazu. Entsch. d. OVG. v. 14. Mai 1895, Entsch. i. St. Bd. IV S. 58.

4d) Schuldenzinsen sind nach ihrem Betrage für das Steuerjahr zu berechnen. Entsch. d. OVG. v. 24. Nov. 1892, Entsch. i. St. Bd. I S. 59.

4e) Rückständige Schuldenzinsen aus früheren Jahren sind nicht abzugsfähig. Entsch. d. OVG. v. 30. Okt. 1893, Entsch. i. St. Bd. II S. 294.

4f) Nur Schuldenzinsen, nicht Rückzahlungen auf Schulden sind abzugsfähig, siehe auch Anm. 14c und e zu diesem Paragraphen.

4g) Nur solche Schulden dürfen berücksichtigt werden, deren Bestehen keinerlei Zweifel unterliegt. Auf Erfordern hat der Steuerpflichtige für jede Schuld Namen und Wohnort des Gläubigers, das Datum der Schuldurkunde und den Prozentsatz der Verzinsung anzugeben, auch die Zinsquittungen vorzulegen. Art. 24 Ziffer 1 d. A. — Obrigkeitliche Beglaubigung der Unterschriften der Gläubiger auf den Zinsquittungen darf nicht gefordert werden. Entsch. d. OVG. v. 3. Dez. 1896, Entsch. i. St. Bd. V S. 299. Beweisfälligkeit in Bezug auf das Bestehen behaupteter Schulden darf im Rechtsmittelverfahren nicht angenommen werden, bevor nicht eine Aufforderung an den Steuerpflichtigen in diesem Sinne ergangen ist. Entsch. d. OVG. v. 23. Febr. 1893, Entsch. i. St. Bd. I S. 193.

5a) Die Abzugsfähigkeit einer Jahresrente hängt nicht davon ab, ob dieselbe durch einen „lästigen“ oder einen „wohlthätigen“ Vertrag begründet ist. Die Abzugsfähigkeit von Schuldenzinsen ist ohne Rücksicht darauf zu beurtheilen, aus welcher Veranlassung und zu welchem Zwecke eine verzinsliche Schuld aufgenommen ist. Dasselbe gilt für dauernde Lasten. Entsch. d. OVG. v. 1. Juli 1895 und v. 30. Mai 1895, Entsch. i. St. Bd. IV S. 134 ff.

5b) Die Jahresrente, welche ein Censit an seine geschiedene Ehefrau nach richterlicher Feststellung an

Stelle einer Kapitalabfindung zu zahlen hat, ist steuerlich abzugsberechtigt. Entsch. d. OVG. v. 24. Mai 1897, Entsch. i. St. Bd. VI S. 115.

5c) Die an eine Rentenbank zu entrichtenden Jahresrenten sind abzugsfähig. Entsch. d. OVG. v. 24. Jan. 1894, Entsch. i. St. Bd. II S. 379.

6) Ist ein Ausländer nur mit dem Einkommen aus preußischem Grundbesitze steuerpflichtig, so sind die Zinsen der sämmtlichen, auf diesem Grundbesitze eingetragenen Hypotheken abzugsfähig, sofern nur die hypothekarisch eingetragene Schuld materiell besteht und Zinsen von derselben zu entrichten sind. Entsch. d. OVG. v. 2. Okt. 1893, Entsch. i. St. Bd. II S. 107.

7a) Die Abzugsfähigkeit dieser Lasten ist an die doppelte Voraussetzung geknüpft, daß sie dauernde, sich regelmäßig wiederholende Leistungen darstellen, und nicht etwa auf einer allgemeinen gesetzlichen Verpflichtung, sondern darüber hinaus auf einem besonderen Titel des Privatrechts beruhen.

7b) Zuwendungen an gemeinnützige Institute müssen, um abzugsfähig zu sein, sich als dauernde, auf privatrechtliche Verpflichtung zurück zu führende Belastung darstellen. Entsch. d. OVG. v. 18. Mai 1893, Entsch. i. St. Bd. I S. 385.

7c) Wenn einem Steuerpflichtigen durch Religionsgesetze bestimmte Leistungen an die Armen vorgeschrieben sind, so bilden diese Leistungen keine abzugsfähige Last, weil es an einem besonderen Rechtstitel und an einer erzwingbaren Verpflichtung fehlt. Entsch. d. OVG. v. v. 2. März 1893, Entsch. i. St. Bd. I S. 234.

7d) Der Betrag eines freiwillig oder auf Grund allgemeiner gesetzlicher Unterhaltungspflicht — z. B. an die Mutter — gewährten Zuschusses oder der für ein uneheliches Kind gezahlten Alimente darf von dem Einkommen des Gebers nicht abgezogen werden. Entsch. d.

OVG. v. 27. Okt. 1892, Entsch. i. St. Bd. I S. 28, v. 29. Juni 1893, Entsch. i. St. Bd. II S. 167, v. 20. Dez. 1895, Entsch. i. St. Bd. IV S. 250.

7e) Nicht abzugsfähig ist der standesgemäße Unterhalt, den der Ehemann seiner nicht geschiedenen aber dauernd getrennt von ihm lebenden Ehefrau zahlt. Entsch. d. OVG. v. 24. Juni 1897, Entsch. i. St. Bd. VI S. 210.

7f) Haben sich mehrere Personen unter einander in rechtsverbindlicher Weise zur Unterstützung eines Dritten verpflichtet, so ist die Abzugsfähigkeit der hiermit übernommenen dauernden Last nicht davon abhängig, daß auch der Dritte ein klagbares Recht erworben hat. Entsch. d. OVG. v. 2. Jan. 1896, Entsch. i. St. Bd. V S. 1.

7g) Die Frage, ob eine Ausgabe abzugsfähig ist, muß unabhängig davon beurtheilt werden, ob der ausgegebene Betrag thatsächlich vom Empfänger versteuert wird. Entsch. d. OVG. v. 17. Nov. 1893, Entsch. i. St. Bd. III S. 1.

7h) Nicht die thatsächliche Entrichtung eines Altentheils bedingt den Abzug, sondern das Bestehen der rechtlichen Verpflichtung dazu. Entsch. d. OVG. v. 14. Mai 1895, Entsch. i. St. Bd. IV S. 58, v. 17. Okt. 1895, Entsch. i. St. Bd. IV S. 165.

7i) Die vom Stiefvater gegenüber dem Stiefsohne abgegebene und von diesem der Justizbehörde eingereichte Erklärung, dem Stiefsohne den für einen Referendar standesgemäßen Unterhalt zu gewähren, begründet eine vertragsmäßige vom Einkommen des Stiefvaters abzugsfähige Verpflichtung, sofern der Stiefvater die Erklärung dem Stiefsohne in der diesem erkennbaren Absicht, sich rechtsverbindlich zu verpflichten, ausgehändigt und der Stiefsohn die Urkunde in der Absicht, die Willenserklärung des Stiefvaters zu acceptiren, in Empfang genommen hat. Entsch. d. OVG. v. 25. Sept. 1893, Entsch.

i. St. Bd. II S. 82. Siehe dagegen Anm. 7n zu diesem Paragraphen.

7k) Ist auf die Zusicherung einer Zulage hin eine Ehe geschlossen und wird danach die Zulage geleistet, so darf derselben die Natur von Einkommen beim Empfänger und von abzugsfähigen Ausgaben beim Geber nicht schon deshalb abgesprochen werden, weil die Zusicherung nur mündlich verlautbart ist. Entsch. d. OVG. v. 17. Nov. 1893, Entsch. i. St. Bd. III S. 1. Vgl. auch Entsch. d. Reichsgerichts IV. Civilsenat v. 7. März 1887, Entsch. Bd. XVII S. 252.

7l) Eine Zulage, welche der Vater seinem als Offizier oder Fähnrich dienenden Sohne auf Grund einer der Militärbehörde gegenüber übernommenen Verpflichtung gewährt, ist vom Einkommen des Vaters abzugsfähig, auch wenn die Verpflichtung nur mündlich übernommen ist. Entsch. d. OVG. v. 7. Febr. 1893, Entsch. i. St. Bd. I S. 167 und v. 25. Sept. 1893, Entsch. i. St. Bd. II S. 86.

7m) Dasselbe gilt hinsichtlich der Zulage an einen Offizieraspiranten. Entsch. d. OVG. v. 2. Okt. 1893, Entsch. i. St. Bd. II S. 117.

7n) Die zur Unterhaltung eines unbesoldeten Assessors, Referendars, Einjährig-Freiwilligen, Posteleven vom Vater gegebenen Zuschüsse sind nicht abzugsfähig, auch wenn der Vater die durch Gesetz begründete Unterhaltungspflicht, aus welcher sie entspringen, ausdrücklich durch Revers oder Vertrag anerkannt haben sollte. FME. v. 17. Febr. 1892. Dasselbe gilt von den vertragsmäßig vereinbarten Zuwendungen an die im Hause des Vaters lebenden unverheirateten Kinder, insofern die letzteren nicht selbstständig zu veranlagen sind. Entsch. d. OVG. v. 19. März 1894, Entsch. i. St. Bd. II S. 455 und v. 25. Sept. 1893, Entsch. i. St. Bd. II S. 86.

7o) Beiträge, die ein Fideikommißbesitzer zu einem Descendenzfonds zu zahlen hat, bilden eine dauernde abzugsfähige Last. Entsch. d. OVG. v. 6. April 1898, Entsch. i. St. Bd. VI S. 346.

7p) Sind zur Amortisation eines Darlehns, das zur Melioration des Pfarrlandes aufgenommen ist, Beiträge von dem zeitigen Inhaber der Pfarrstelle zu entrichten, so darf dieser die Beiträge von seinem Einkommen in Abzug bringen. Entsch. d. OVG. v. 6. Okt. 1896, Entsch. i. St. Bd. V S. 218.

7q) Die Einquartierungslasten tragen den Charakter einer Reichslast und sind nicht abzugsfähig. Entsch. d. OVG. v. 7. März 1893, Entsch. i. St. Bd. I S. 249.

7r) Ausgaben für die aus dem Parochialverbande sich ergebende, auf Observanz beruhende Kirchenbaulast sind nicht abzugsfähig. Entsch. d. OVG. v. 25. Mai 1893, Entsch. i. St. Bd. I S. 387.

8) Vom 1. April 1895 ab sind die Grund-, die Gebäude-, die Gewerbesteuer vom stehenden Gewerbe und die Bergwerksabgaben nicht mehr abzugsfähig. § 5 des Ges. wegen Aufhebung direkter Staatssteuern v. 14. Juli 1893. Siehe auch FME. v. 15. März 1895, Mitth.H. 33 S. 4 und Entsch. d. OVG. v. 28. Mai 1897, Entsch. i. St. Bd. VI S. 131.

9a) Direkte Kommunalabgaben sind nicht abzugsfähig. Entsch. d. OVG. v. 24. April 1893, Entsch. i. St. Bd. I S. 364.

9b) Der Abzug derjenigen indirekten Abgaben, welche die Natur von Geschäftsunkosten an sich tragen, beschränkt sich dagegen nicht auf die indirekten Staatssteuern.

10a) Zu vgl. Art. 16 I 2d, Art. 18 III d. A.

10b) Findet die Gewinnberechnung auf Grund kaufmännischer Buchführung statt, so ist für das Maß der zulässigen Abschreibungen der kaufmännische Gebrauch bestimmend. Falls die Höhe der Abschreibung das nach allgemeinem Gebrauche übliche oder durch die besonderen thatsächlichen Verhältnisse gerechtfertigte Maß übersteigt, oder gar die Absicht einer künstlichen Herabdrückung des wirklichen Reingewinnes erkennen läßt, findet steuerlich entsprechende Reduktion statt. Zu vgl. Art. 19 d. A. Abs. 4.

10c) Der Abzug für Ersatzbeschaffung eines Gegenstandes und der Abzug für Abnutzung desselben Gegenstandes schließen einander aus. Entsch. d. OVG. v. 16. Juni 1896, Entsch. i. St. Bd. V S. 159.

10d) Die Bemessung der Höhe der regelmäßigen jährlichen Absetzung ist wesentlich Sache der Schätzung, welche die Kommissionen vornehmen können, ohne von der Befugniß zur Anhörung sogenannter Sachverständiger Gebrauch zu machen. Entsch. d. OVG. v. 2. März 1893, Entsch. i. St. Bd. I S. 235.

10e) Ein Steuerpflichtiger, der an einem Gebäude nur vertragsmäßigen Nießbrauch hat, darf sich keinen Abzug für Abnutzung des Gebäudes machen. Entsch. d. OVG. v. 24. April 1893, Entsch. i. St. Bd. I S. 364.

10f) Bei Bemessung der Abnutzung eines Gebäudes kommt nur eine Abnutzung in baulicher Hinsicht, nicht auch eine durch Veränderung äußerer wirthschaftlicher Verhältnisse bedingte eventuelle Minderung der Verwerthbarkeit des Gebäudes in Betracht. Entsch. d. OVG. v. 14. Juni 1893, Entsch. i. St. Bd. II S. 58.

10g) Bei der Bemessung der Abnutzung eines Mühlenwerks darf nicht eine durch Veralten der Konstruktion, Sinken der Metallpreise oder dergleichen eintretende Werthverminderung in Anrechnung kommen. Entsch. d. OVG. v. 31. Jan. 1894, Entsch. i. St. Bd. II S. 391.

10h) Ueber die zulässigen Abnutzungsquoten bei Gebäuden vgl. Anm. 4b zu § 13.

10i) Ueber die Abschreibungen auf unsichere Forderungen vgl. Anm. 4c zu § 14.

10k) Auf Grund des § 9 I Nr. 5 und § 14 Abs. 1 des Einkommensteuergesetzes sind beim Bergbau die der jährlichen Verringerung der Substanz entsprechenden Abschreibungen als abzugsfähig anzuerkennen. Entsch. d. OVG. v. 4. April 1893, Entsch. i. St. Bd. I S. 331.

Ueber die bei Berechnung der Abschreibungen auf Substanzverringerung zu beachtenden Grundsätze zu vgl. Entsch. d. OVG. v. 19. Dez. 1888, Entsch. Bd. 17 S. 128, Entsch. d. OVG. v. 21. März 1895, 13. Juni 1895, 11. Juli 1895, Entsch. i. St. Bd. IV S. 33, 36, 38.

10l) Für Drainageanlagen, Rieselwiesen und Moorkulturen ist die Zulässigkeit eines Abzugs für Abnutzung grundsätzlich nicht zu beanstanden. Das Mergeln des Ackers dagegen stellt sich als eine Art der Düngung dar, es wird durch dasselbe keine Anlage hergestellt, welche der „Abnutzung" fähig wäre. Entsch. d. OVG. v. 28. Mai 1897, Entsch. i. St. Bd. VI S. 186.

10m) Bei Ermittelung des Reingewinnes aus Torfstich, der auf den im Eigenthum des Produzenten stehenden Moorgrundstücken betrieben wird, ist ein Abzug für Substanzverlust zulässig. Entsch. d. OVG. v. 28. März 1894, Entsch. i. St. Bd. III S. 16.

10n) Abschreibungen auf Abnutzung von Drainageanlagen sind an sich zulässig. Entsch. d. OVG. v. 16. Nov. 1895, Entsch. i. St. Bd. IV S. 188.

10o) Abschreibungen für eine Entwerthung des bloßen fundus sind nicht zulässig. Entsch. d. OVG. v. 24. Febr. 1894, Entsch. i. St. Bd. II S. 234.

10p) Abschreibungen auf lebendes Inventar sind unzulässig. Nur die Ausgaben für Erhaltung und Ergänzung des lebenden Inventars sind nach § 9 I Ziffer 1 abzugsfähig. Zu vgl. Art. 11 III und II 2, 18 III und II 1 d. A.

11a) Nur die vom Steuerpflichtigen „für seine Person" zu entrichtenden Beiträge dieser Art kommen unter dieser Nr. in Frage. Beiträge dieser Art, welche für Gewerbegehülfen gezahlt werden, sind event. als Betriebsunkosten nach Ziffer 1 zu berücksichtigen. Entsch. d. OVG. v. 24. Nov. 1892, Entsch. i. St. Bd. I S. 59. Beiträge für die zu Haushaltungszwecken angenommenen Personen sind überhaupt nicht abzugsfähig. Vgl. Art. 25 d. A.

11b) Auch die an Aktiengesellschaften zu entrichtenden Prämien für Unfallversicherung sind abzugsfähig. Entsch. d. OVG. v. 16. Jan. 1893, Entsch. i. St. Bd. I S. 103.

11c) Die Beiträge an die Wittwen- oder Pensionskasse des deutschen Privatbeamtenvereins zu Magdeburg und die Beiträge an die Krankenkasse desselben Vereins sind als abzugsfähig anerkannt. FME. v. 18. März 1893 und v. 29. März 1893, Mitth.H. 26 S. 7.

12a) Abzugsfähig sind nur die für die Versicherung eines Kapitals oder einer Rente auf das Leben des Steuerpflichtigen selbst — nicht auch für die Versicherung auf das Leben seiner Angehörigen oder anderer Personen — gezahlten Prämien, und zwar nur für Versicherungen auf den Todes- oder den Erlebensfall (sog. abgekürzte Lebensversicherung), nicht auch für Aussteuer, Kapitalversicherungen und andere. Vgl. Art. 25 Ziffer 2 d. A. Siehe auch FME. v. 9. Nov. 1891, Mitth.H. 25 S. 14.

12b) Der Einkauf in sog. Sterbe- oder Begräbnißkassen ist dem Abschluß einer Versicherung auf den Todesfall gleich zu achten, insofern sich nicht gegen diese Rechtsauffassung aus den Statuten oder der Einrichtung einer solchen Anstalt im einzelnen Falle Bedenken ergeben. FME. v. 13. Nov. 1891, Mitth.H. 25 S. 14.

13) Der Betrag von 600 Mark ist stets abzugsfähig, auch wenn der Betrag der Prämien im Ganzen ein höherer ist. Art. 25 Ziffer 2c d. A.

14a) Bei Ermittelung des steuerpflichtigen Einkommens aus Bergbau dürfen die für einzelne Bergwerksantheile (Kuxe) zu leistenden Zubußen nur insoweit in Abrechnung gebracht werden, als dieselben nicht in Folge von Kapitalanlagen zur Erweiterung des Betriebes oder zu sonstigen Verbesserungen, sondern in Folge von Ausgaben entstanden sind, welche behufs Fortsetzung des Betriebes in dem bisherigen Umfange nothwendig waren. Art. 20 Ziffer 3 d. A. Entsch. d. OVG. v. 27. Mai 1893, Entsch. i. St. Bd. II S. 11 u. v. 13. Febr. 1896, Entsch. i. St. Bd. V S. 50.

14b) Jährliche Ersparnisse, welche der Steuerpflichtige aus dem laufenden Jahreseinkommen zu einem besonderen Kapitale zurücklegt, bilden eine „Kapitalanlage“ und dürfen deshalb von dem steuerpflichtigen Einkommen nicht in Abzug gebracht werden. Vgl. FME. v. 1. Dez. 1891, Mitth.H. 25 S. 3.

14c) Die nach dem Reglement der Pommerschen Landschaft vom Pfandbriefschuldner zu entrichtenden Amortisationsbeiträge sind nicht abzugsfähig. Entsch. d. OVG. v. 14. Febr. 1893, Entsch. i. St. Bd. I S. 181. Desgleichen nicht die an das Kur- und Neumärkische ritterschaftliche Kreditinstitut zu zahlenden Amortisationsbeiträge. Entsch. d. OVG. v. 20. Sept. 1893, Entsch. i. St. Bd. II S. 308. Desgleichen nicht die an die Schlesische Landschaft zu zahlenden Amortisationsbeiträge. Entsch. d. OVG. v. 9. Nov. 1893, Entsch. i. St. Bd. II S. 306. Für den Fideikommißbesitzer gilt hinsichtlich der an eine Landschaft, bezw. Landeskultur-Rentenbank ꝛc. abzuführenden Tilgungsbeiträge dasselbe wie für jeden Besitzer des verpfändeten Gutes. Entsch. d. OVG. v. 10. Juni 1897, Entsch. i. St. Bd. VI S. 192.

14d) Kapitalanlagen und Kapitalabtragungen stellen nicht abzugsfähige Ausgaben dar, Abtragungen auch dann nicht, wenn eine Abmachung besteht, wonach aus dem Ertrage eines Gutes die Hypothekenschulden baldthunlichst abgestoßen werden sollen, um dadurch die Errichtung eines Familienfideikommisses zu ermöglichen.

Entsch. d. OVG. v. 13. April 1897, Entsch. i. St. Bd. VI S. 14.

14e) Gerichtliche Gehaltsabzüge wegen Schulden können bei der Besteuerung des Einkommens der Beamten nicht berücksichtigt werden. FME. v. 13. Juli 1853 — III. 15453 —.

14f) Ausgaben für Entwässerung sind nur insoweit abzugsfähig, als sie wesentlich zur Sicherung und Erhaltung des Bestehenden dienen, nicht dagegen insoweit durch dieselben der Grund und Boden überhaupt erst ertragsfähig oder doch ertragsfähiger gemacht werden soll. (Drainagen.)

15) Die Worte „gute Wirthschaft" und „Deckung aus den Betriebseinnahmen" deuten an, daß hier nur geringfügige, durch gute Wirthschaft bedingte Ausgaben für Meliorationen im laufenden Betriebsjahre gemeint sind. Entsch. d. OVG. v. 24. April 1893, Entsch. i. St. Bd. I S. 366.

16a) Aufwendungen für Anlage und Pflege eines zur Annehmlichkeit für den Besitzer dienenden Hausgartens sind nicht abzugsfähig. Entsch. d. OVG. v. 6. Okt. 1892, Entsch. i. St. Bd. I S. 8. Ausgaben dagegen für einen im Interesse der Miether unterhaltenen Hausgarten gehören zu den nach § 9 I Ziffer 1 abzugsfähigen Bewirthschaftungskosten.

16b) Die auf die eigene Wohnung des Steuerpflichtigen entfallenden Ausgaben für Gas, Wasserleitung, Schornsteinfeger und Müllabfuhr sind als Kosten des Haushalts nicht abzugsfähig Entsch. d. OVG. v. 7. März 1893, Entsch. i. St. Bd. I S. 249.

16c) Die Aufwendungen eines Geistlichen für Amtskleidung und für Aufnahme von anderen Geistlichen bei kirchlichen Festen und dergl. sind nicht abzugsfähig. Entsch. d. OVG. v. 19. Jan. 1893, Entsch. i. St. Bd. I S. 123.

16d) Die Kosten der persönlichen Ausrüstung und Bekleidung eines Offiziers, sowie der Unterhaltung der zum Dienst erforderlichen Pferde sind nicht abzugsfähig. Entsch. d. OVG. v. 2. Okt. 1893, Entsch. i. St. Bd. II S. 131.

16e) Die Kosten für eine Dienstmagd, die zur Führung des Hausstandes an Stelle der einem besonderen Gewerbe nachgehenden Ehefrau des Steuerpflichtigen gehalten wird, sind nicht abzugsfähig. Entsch. d. OVG. v. 9. Nov. 1893, Entsch. i. St. Bd. II S. 304.

16f) Der Aufwand für Kleidung ist von dem Einkommen des Bureauvorstehers eines Rechtsanwalts nicht abzugsfähig. Entsch. d. OVG., Entsch. i. St. Bd. I S. 6.

16g) Ausgaben, die ein Fabrikbesitzer macht, um sich ein Fuhrwerk zu halten, welches er wegen asthmatischer Beschwerden zur Zurücklegung des täglichen Weges zwischen Wohnung und Fabrik benöthigt, sind vom OVG. als Haushaltsausgaben nicht für abzugsfähig angesehen worden. Entsch. v. 12. Nov. 1897, Entsch. i. St. Bd. VI S. 261.

16h) Ausgaben für Erhaltung der Gesundheit des Steuerpflichtigen, darunter auch solche für Badereisen, sind nicht abzugsfähig. Entsch. d. OVG. v. 13. März 1894, Entsch. i. St. Bd. II S. 453; siehe auch Entsch. d. OVG. v. 17. Jan. 1893, Entsch. i. St. Bd. I S. 121 u. v. 28. Sept. 1893, Entsch. i. St. Bd. II S. 454.

16i) Als Geldwerth der im Haushalt verbrauchten Erzeugnisse des eigenen landwirthschaftlichen Betriebes ist anzusehen der Verkaufswerth zur Zeit und am Ort der Entnahme oder am nächsten Marktort, in letzterem Falle aber abzüglich der durch den Transport dorthin und den Verkauf dort entstehenden Unkosten. Beim Gewerbebetriebe ist für den Werth der selbstverbrauchten Waaren der Preis maßgebend, der für die Waaren erzielt worden wäre, wenn sie zur Zeit und in der Beschaffenheit, in der sie vom Steuerpflichtigen dem Geschäftsbetriebe entzogen wurden, an einen Dritten veräußert worden wären. Entsch. d. OVG. v. 24. Mai 1897, Entsch. i. St. Bd. VI S. 123.

§ 10.

Feststehende Einnahmen[1]) sind nach ihrem Betrage für das Steuerjahr, ihrem Betrage nach unbestimmte oder schwankende Einnahmen, sowie das steuerpflichtige Einkommen der Aktiengesellschaften u. s. w. (§. 16), nach dem Durchschnitte der drei der Veranlagung unmittelbar vorangegangenen Jahre,[2]) [3]) [4]) jedoch bei der nach diesem Gesetze stattfindenden erstmaligen Veranlagung nach dem Durchschnitte zweier Jahre zu berechnen.[5])

Wenn Einnahmen der letztgedachten Art noch nicht so lange bestehen,[6]) so sind sie nach dem Durchschnitte des Zeitraumes ihres Bestehens, nöthigenfalls nach dem muthmaßlichen Jahresertrage in Ansatz zu bringen.[7])

Die gleichen Grundsätze gelten für die Berechnung der abzugsfähigen Ausgaben.

1a) Vgl. Art. 5 d. A. Als Beispiele feststehender Einnahmen werden dort aufgeführt: Löhne, Besoldungen, welche nach Tages-, Wochen-, Monats-, Jahressätzen bedungen sind und die in bestimmter Höhe zugesicherten Zinsen.

1b) Die Thatsache allein, daß zur Zeit der Veranlagung die bedungenen Kapitalzinsen für ein Jahr nicht bezahlt, sondern im Rückstand waren, genügt nicht, um der Zinsforderung den Charakter einer feststehenden Einnahme abzusprechen. Entsch. d. OVG. v. 14. Nov. 1892, Entsch. i. St. Bd. I S. 38. Zugesicherte Kapitalzinsen sind als schwankende Einnahmen zu behandeln, wenn sie bei unterbliebener Zahlung unbeitreiblich sind und zwar auch dann, wenn der Versuch der Beitreibung durch Klage und Zwangsvollstreckung als erfolglos unterblieben ist, nicht aber auch dann, wenn auf die rechtlich und wirthschaftlich mögliche Beitreibung verzichtet ist. Entsch. d. OVG. v. 5. Juli 1895, Entsch. i. St. Bd. IV S. 138. Wenn jedoch Forderung und Zinsen unbeitreiblich, d. h. wirthschaftlich verloren sind, so darf ein Zinseinkommen überhaupt nicht angerechnet werden. Entsch. d. OVG. v. 24. Juni 1897, Entsch. i. St. Bd. VI S. 307.

1c) Die Diäten, welche ein Gerichtsassessor in der Eigenschaft als Hülfsrichter bezieht, sind nicht als schwankende, sondern als feststehende Einnahmen zu behandeln. Entsch. d. OVG. v. 14. März 1893, Entsch. i. St. Bd. I S. 269.

2a) Die Vorschrift, daß schwankende Einnahmen nach dem Durchschnitt der letzten drei Jahre zu berechnen sind, setzt eine im wesentlichen bestehende Gleichartigkeit der Ertragsquelle voraus. Entsch. d. OVG. v. 30. Jan. 1893, Entsch. i. St. Bd. I S. 144, v. 4. Mai 1893, Entsch. i. St. Bd. I S. 373, v. 20. Nov. 1893, Entsch. i. St. Bd. II S. 155 u. 157, v. 10. Mai 1894, Entsch. i. St. Bd. III S. 40, v. 18. Okt. 1895, Entsch. i. St. Bd. IV S. 171, v. 16. April 1896, Entsch. i. St. Bd. V S. 193.

2b) Die Zeit, während welcher ein Konkursverfahren geschwebt hat, kann nach Beendigung desselben nicht für eine Durchschnittsberechnung des steuerpflichtigen gewerblichen Einkommens des früheren Gemeinschuldners in Betracht kommen. Entsch. d. OVG. v. 9. April 1895, Entsch. i. St. Bd. IV S. 50.

3a) Maßgebend ist das vom Steuerpflichtigen angenommene Betriebs- oder Wirthschaftsjahr. Als das der Veranlagung unmittelbar vorangegangene Wirthschaftsjahr gilt das letzte, dessen Ergebnisse zur Zeit der Veranlagung (Steuererklärung) festgestellt werden können. Art. 5 d. A. Entsch. d. OVG. v. 20. Jan. 1893, Entsch. i. St. Bd. I S. 129.

Ueber das die Grundlage der Veranlagung bildende, zum Abschluß gekommene Wirthschaftsjahr der Aktiengesellschaften zu vgl. Entsch. d. OVG. v. 22. März 1895, Entsch. i. St. Bd. IV S. 44.

3b) Die Veranlagung ist nach dem Durchschnitt der drei unmittelbar vorangegangenen Geschäftsjahre zu bewirken, wenn auch diese Jahre mit den bei der vorhergehenden Veranlagung berücksichtigten Jahren nicht eine ununterbrochene Reihenfolge bilden. Entsch. d. OVG. v. 25. Sept. 1893, Entsch. i. St. Bd. II S. 95.

Die für die Durchschnittsberechnung maßgebenden drei Jahre müssen einander ununterbrochen folgen; andere Jahre dürfen nicht dazwischen liegen. Entsch. d. OVG. v. 11. Juli 1895, Entsch. i. St. Bd. IV S. 86.

3c) Die bei der Ziehung des Durchschnittes in Betracht kommenden Jahre bilden insofern eine Einheit, als der Verlust eines Jahres von dem Gewinn der anderen Jahre in Abzug gebracht wird. Art. 5 d. A. Entsch. d. OVG. v. 14. Juni 1893, Entsch. i. St. Bd. II S. 65.

4a) Bei der Durchschnittsberechnung des Einkommens aus Gewinn bringender Beschäftigung — z. B. als Anwalt — sind die vorbedungenen Gegenleistungen — Gebühren — in demjenigen Jahre als Einnahme anzusetzen, in welchem sie verdient, wenn auch noch nicht bezahlt sind.

Bei nicht vorbedungenem Ertrage — z. B. bei Trinkgeldern eines Portiers — ist die in den Durchschnittsjahren thatsächlich bezogene Einnahme entscheidend. Entsch. d. OVG. v. 24. Jan. 1893, Entsch. i. St. Bd. I S. 136.

4b) Im Falle des Verkaufs von Holz auf dem Stamme ist der ganze erzielte Kaufpreis, ohne Rücksicht auf den Zeitpunkt der Zahlung in steuerlicher Hinsicht als Einnahme desjenigen Wirthschaftsjahres zu behandeln, in welchem der Verkauf stattgefunden hat. Entsch. d. OVG. v. 31. Mai und 7. Juni 1893, Entsch. i. St. Bd. II S. 19 u. 25.

4c) Die Heranziehung einer Tantième nach den Ergebnissen der Vorjahre kann deshalb nicht unterbleiben, weil etwa für das Steuerjahr selbst ein Bezug nicht in Aussicht steht. Entsch. d. OVG. v. 7. Juni 1894, Entsch. i. St. Bd. III S. 52.

5a) Auch die unbestimmten oder schwankenden Einnahmen sind, sofern möglich, zahlenmäßig zu berechnen. Schätzung darf nur eintreten, wenn und soweit die Unterlagen für eine zahlenmäßige Berechnung fehlen. Zu vgl. Entsch. d. OVG. v. 14. Febr. 1895, Entsch. i. St. Bd. III S. 194.

5b) Die Vorschriften des Einkommensteuergesetzes über die Ermittelung unbestimmter oder schwankender Einnahmen nach der Vergangenheit beziehen sich allgemein auf die Ermittelung solchen Einkommens, gelten also gleichmäßig für die Fälle, in denen wirklich vorgekommene Einnahmen und Ausgaben sich ermitteln lassen, wie auch für die Fälle, in denen es daran fehlt und nur Schätzung übrig bleibt. Entsch. d. OVG. v. 30. Mai 1895, Entsch. i. St. Bd. IV S. 66.

6) Die Berechnung der Wirthschaftsergebnisse eines Pachtgutes kann nicht nach dem Durchschnitte von zwei bezw. drei Jahren erfolgen, wenn diese Einnahmequelle sich nur während eines Wirthschaftsjahres (allerdings neben anderem zwei bezw. drei Jahre hindurch bewirthschaftetem eigenem Grundbesitze) in der Hand des Steuer-

pflichtigen befunden hat. Entsch. d. OVG. v. 24. Jan. 1893, Entsch. i. St. Bd. I S. 131.

7) Kann wegen der Kürze des Bestehens einer Einnahme eine Durchschnittsberechnung nicht stattfinden, so tritt Schätzung des muthmaßlichen Jahresertrages, d. h. des in der Zukunft zu erzielenden Einkommens ein. Zu vgl. Entsch. d. OVG. v. 30. Mai 1895, Entsch. i. St. Bd. IV S. 66. Nur in diesem Falle findet bei schwankenden Einnahmen eine Ansetzung des zukünftigen Einkommens statt. Sonst ist stets nach Anm. 5b zu verfahren. — Das erste Halbjahr eines neu begonnenen Geschäftsbetriebes gestattet in den seltensten Fällen einen Schluß auf gleichmäßigen Verbleib der Umsatz- und Einkommensverhältnisse. Entsch. d. OVG. v. 15. Mai 1893, Entsch. i. St. Bd. I S. 377.

§ 11.

Behufs der Steuerveranlagung ist dem Einkommen des Haushaltungsvorstandes das Einkommen der Angehörigen der Haushaltung zuzurechnen.[1])

Personen, welche mit Gehalt oder Lohn zu Dienstleistungen angenommen sind, sowie Kostgänger, Untermiether und Schlafstellenmiether werden nicht zu den Angehörigen einer Haushaltung gezählt.[2])

Selbständig zu veranlagen sind:

1) Ehefrauen, wenn sie dauernd[3]) von dem Ehemanne getrennt leben;

2) Kinder und andere Angehörige der Haushaltung, wenn sie ein der Verfügung des Haushaltungsvorstandes[4]) nicht unterliegendes Einkommen aus eigenem Erwerb[5]) —

mit Ausschluß der Beihülfe in dem Geschäft des Haushaltungsvorstandes — oder aus anderen Quellen beziehen.

Auf die lediglich nach §. 2 dieses Gesetzes zu veranlagenden Steuerpflichtigen finden vorstehende Bestimmungen keine Anwendung.

1a) Auch das Einkommen der Ehefrau aus dem vorbehaltenen Vermögen ist dem Einkommen des Ehemannes zuzurechnen, so lange es an dem Thatbestande für eine gesonderte Veranlagung der Ehefrau fehlt. Entsch. d. OVG. v. 20. März 1893, Entsch. i. St. Bd. I S. 282.

1b) Die Vorschrift in Ziffer 2 des § 11 ist auf Ehefrauen nicht anzuwenden. Ueber die hieraus folgende Unzulässigkeit der selbständigen Veranlagung einer Ehefrau, wenn auch aus deren Vermögen ganz allein der Unterhalt der Familie bestritten wird, zu vgl. Entsch. d. OVG. v. 17. April 1893, Entsch. i. St. Bd. I S. 322.

2a) Ebensowenig zählen zur Haushaltung Geschwister, Eltern, Schwiegereltern, entferntere Verwandte oder Verschwägerte, es sei denn, daß sie kein zur Bestreitung des nothwendigen Unterhalts ausreichendes eigenes Einkommen, auch keinen Rechtsanspruch auf zu ihrem Unterhalte ausreichende Leistungen des Haushaltungsvorstandes haben (Altentheil, Auszug u. dergl.), sondern von ihm ohne solchen Anspruch hauptsächlich unterhalten werden. Art. 6 II d. A. Entsch. d. OVG. v. 17. Jan. 1893 und v. 15. Mai 1893, Entsch. i. St. Bd. I S. 119 u. 380.

2b) Dem Einkommen des den gemeinsamen Haushalt mehrerer Geschwister Leitenden darf das Einkommen der Uebrigen nicht hinzugerechnet werden, wenn ihm nicht auch kraft eigenen Rechtes die freie Verfügung über das Einkommen der von ihm wirthschaftlich abhängigen Geschwister zusteht. Entsch. d. OVG. v. 27. März 1897, Entsch. i. St. Bd. VI S. 12.

3a) Zum Begriffe der dauernden Trennung gehört die Thatsache völligen Getrenntseins wie im ehelichen Leben, so im Haushalt und in der Wirthschaftsführung und zwar herbeigeführt in der erkennbaren Absicht, die Trennung für längere Dauer festzuhalten. Entsch. d. OVG. v. 7. März 1893, Entsch. i. St. Bd. I S. 252. Dauernde Trennung im Sinne des Gesetzes liegt beispielsweise nicht ohne Weiteres schon dann vor, wenn der eine Theil krankheitshalber außerhalb der ehelichen Wohnung untergebracht werden muß. Entsch. d. OVG. v. 20. Sept. 1893, Entsch. i. St. Bd. II S. 173. Auch dann nicht, wenn der eine Theil sich im Gefängniß befindet. Entsch. d. OVG. v. 21. Dez. 1894, Entsch. i. St. Bd. III S. 171.

3b) Die nicht geschiedene, sondern nur dauernd getrennt von ihrem Manne lebende und von ihm freiwillig oder in den Grenzen der gesetzlichen Alimentationspflicht alimentirte Ehefrau ist im Sinne des Einkommensteuergesetzes noch Angehörige der ehemännlichen Haushaltung; folglich ist einerseits nur ihr besonderes Einkommen der selbständigen Veranlagung unterworfen und darf andrerseits der Ehemann den ihr geleisteten standesgemäßen Unterhalt von seinem steuerpflichtigen Einkommen nicht absetzen. Entsch. d. OVG. v. 24. Juni 1897, Entsch. i. St. Bd. VI S. 210.

4a) Steht der Mutter die Verfügung über das besondere Einkommen des zu ihrer Haushaltung gehörigen Sohnes zwar in ihrer Eigenschaft als Vormünderin zu, aber nicht kraft eigenen Rechts und im eigenen Interesse, so ist ihr dieses Einkommen nicht zuzurechnen. Entsch. d. OVG. v. 3. Febr. 1893, Entsch. i. St. Bd. I S. 151.

4b) Dem Einkommen der Mutter, deren Haushaltung ein Sohn angehört, ist die für den Letzteren zugesicherte

Erziehungsbeihülfe zuzurechnen, nicht so ein ihrer Verfügung entzogenes Zinseinkommen des Sohnes. Entsch. d. OVG. v. 29. Nov. 1893, Entsch. i. St. Bd. II S. 336.

5a) Als der Verfügung des Haushaltungsvorstandes nicht unterliegend gilt insbesondere das Einkommen:

a) aus Gewerbebetrieb, aus Arbeit oder anderer Gewinn bringender Thätigkeit außerhalb der Wirthschaft oder des Gewerbes des Haushaltungsvorstandes,

b) aus Thätigkeit in der Wirthschaft oder dem Gewerbe des Haushaltungsvorstandes, sofern dafür Gehalt oder Lohn in baarem Gelde — nicht nur ein Taschengeld — gewährt wird.

Zu vgl. Entsch. d. OVG. v. 11. Okt. 1895, 18. Okt. 1895 u. 29. Febr. 1896, Entsch. i. St. Bd. IV S. 159 ff.

c) aus Vermögen, dessen Genuß dem Haushaltungsvorstande nicht zusteht. Art. 6 I. 2 d. A.

Zu c kommen die Bestimmungen des ALR. in Th. II Tit. II §§ 147 ff. über das „freie" und das „nicht freie" Vermögen der Kinder in Betracht.

5b) Das besondere Einkommen der nach Ziffer 2 selbständig zu veranlagenden Kinder ist dem Haushaltungsvorstande auch dann nicht anzurechnen, wenn dasselbe den Betrag von Neunhundert (900) Mark nicht übersteigt. Art. 6 I. 2 letzter Abs. d. A.

5c) Der Verdienst der Tochter durch Fabrikarbeit darf dem Vater, auch wenn er ihn als Kostgeld empfängt, nicht angerechnet werden, unbeschadet der Frage, ob die Verpflegung der Tochter gegen Entgelt für ihn einen steuerpflichtigen Gewinn abwirft. Entsch. d. OVG. v. 25. Sept. 1893, Entsch. i. St. Bd. II S. 92.

5d) Ein dem das Gymnasium besuchenden Sohne aus einer Stiftung zustehendes Stipendium ist als dem väterlichen Nießbrauch nicht unterliegendes besonderes Einkommen des Sohnes vom OVG. angesehen und dem väterlichen Einkommen nicht zugerechnet worden. Entsch. d. OVG. v. 26. Sept. 1893, Entsch. i. St. Bd. II S. 102.

B. Besondere Vorschriften.

a. Einkommen aus Kapitalvermögen.

§ 12.

Als Einkommen aus Kapitalvermögen [1]) gelten: Zinsen, Renten und geldwerthe Vortheile aus Kapitalforderungen jeder Art, soweit solche Bezüge nicht bei Landwirthschaft-, Handel- und Gewerbetreibenden behufs Ausmittelung des steuerpflichtigen Einkommens aus Grundvermögen, Pachtungen, Handel oder Gewerbe (§§. 13, 14) als Theile des Geschäftsertrages in Rechnung zu bringen sind.

Mit dieser Maßgabe gelten als Einkommen aus Kapitalvermögen insbesondere:

a) Zinsen aus Anleihen und sonstigen verzinslichen Kapitalforderungen,[2]) sowie aus verzinslich gewordenen Zins- und anderen Ausständen;

b) Dividenden und Zinsen, Ausbeuten und sonstige Gewinnantheile von Aktiengesellschaften,[3]) Kommanditgesellschaften auf Aktien, Gewerkschaften, Erwerbs- und Wirthschaftsgenossenschaften, und von einer stillen Gesellschaft [4]) (Artikel 250 ff. des Handelsgesetzbuchs); [5]) [6])

c) Zinsen, welche in unverzinslichen Kapitalforderungen, bei denen ein höheres als das ursprünglich gegebene Kapital zurückgewährt wird, einbegriffen sind;

d) vereinnahmte Gewinne aus der zu Spekulationszwecken unternommenen Veräußerung von Werthpapieren, Forderungen, Renten[7]) u. s. w., abzüglich etwaiger Verluste bei derartigen Geschäften.[8])

1a) Zu vgl. Art. 8 u. 9 d. A.

1b) Einkommen aus Kapitalvermögen darf für die Besteuerung nur in Betracht gezogen werden, wenn bestimmte thatsächliche Umstände die Annahme rechtfertigen oder doch die Wahrscheinlichkeit begründen, daß bei dem Censiten Kapitalvermögen vorhanden ist. Entsch. d. OVG. v. 20. Jan. 1893, Entsch. i. St. Bd. I S. 129, auch v. 6. Okt. 1892, Entsch. i. St. Bd. I S. 10.

1c) Es kann nicht gerechtfertigt erscheinen, grundsätzlich anzunehmen, daß die Schätzung eines höheren Einkommens aus Kapitalvermögen deshalb zulässig sei, „weil Censit das Gegentheil nicht erwiesen habe". Entsch. d. OVG. v. 28. Febr. 1893, Entsch. i. St. Bd. I S. 231.

1d) Der Umstand, daß zu einer früheren, vor der Veranlagung liegenden Zeit Einkommen aus Kapitalvermögen vorhanden gewesen ist, berechtigt nicht ohne Weiteres zu der Annahme, daß mit solchem Einkommen auch fernerhin zu rechnen sei. Entsch. d. OVG. v. 21. Juni 1893, Entsch i. St. Bd. II S. 74.

1e) Zu vgl. Anm. 2b zu § 8.

1f) Die von einem durch jährliche Ersparnisse aufgesammelten Kapitale aufkommenden Zinsen sind Jahreseinkünfte aus Kapitalvermögen. Hieran ändert die Art der Verwendung oder die künftige Bestimmung der Zinsen, insbesondere also auch der Umstand nichts, daß dieselben bis zum Tode des Steuerpflichtigen aufgesammelt werden sollen. FME. v. 1. Dez. 1891. Mitth.H. 25 S. 1.

1g) Es macht keinen Unterschied, ob das Kapital in Preußen, in einem anderen Deutschen Bundesstaate, oder im Auslande angelegt ist. Art. 8 d. A.

1h) Soweit es sich um Einkommen aus Kapitalvermögen handelt, bleibt die Erhöhung oder Verminderung des Kurswerthes nicht veräußerter Werthpapiere außer Betracht. Art. 8 d. A. Anders soweit gewerbliches Einkommen in Frage steht. Siehe Entsch. d. OVG. v. 10. Okt. 1892, Entsch. i. St. Bd. I S. 14, bezügl. des bei einem Banquier vorhandenen Bestandes an Inhaberpapieren und Hypotheken auch Entsch. d. OVG. v. 7. März 1893, Entsch. i. St. Bd. I S. 247 und v. 21. Nov. 1892, Entsch. i. St. Bd. I S. 44, v. 18. Mai 1893, Entsch. i. St. Bd. II S. 1.

1i) Ist der Zinsfuß, zu welchem ein Kapital genutzt wird, nicht genügend bekannt, so wird, falls nicht ein anderer Zinsfuß notorisch üblich ist, eine Verzinsung zu 4% angenommen. Art. 8 d. A. Entsch. d. OVG. v. 6. Okt. 1892, Entsch. i. St. Bd. I S. 10.

1k) Für das Zinsenbezugsrecht ist in der Regel der Inhalt der Schuldurkunde maßgebend; eine etwaige nachträgliche mündliche Vereinbarung über Herabsetzung des Zinsfußes ist nach §§ 131, 134, 136 Th. I Tit. 5 ALR. nicht rechtswirksam. Entsch. d. OVG. v. 27. Mai 1893, Entsch. i. St. Bd. II S. 9.

2a) Hierher gehören z. B. öffentliche und private Schuldverschreibungen, Hypotheken, Pfandbriefe, Renten-, Leibrenten- oder ähnliche Verträge ohne Unterschied, ob sie schriftlich oder mündlich abgeschlossen sind. Zur Anrechnung gelangt der für das Steuerjahr zugesicherte Jahresbetrag an Zinsen. Art. 8a d. A. Entsch. d. OVG. v. 14. Nov. 1892, Entsch. i. St. Bd. I S. 37.

2b) Die Zinsen der bei Landschaften bezw. Ritterschaften angesammelten Amortisationsfonds stellen für den Gläubiger des Guthabens, obwohl er in der Verfügung darüber beschränkt ist und die Zinsen, solange und soweit die Abhebung unterbleibt, verabredetermaßen dem Kapital zuwachsen, steuerpflichtiges Einkommen aus Kapitalvermögen dar. Entsch. d. OVG. v. 14. Febr. 1893, Entsch. i. St. Bd. I S. 181.

Ueber Amortisationszuwachs bei landschaftlichen Schulden (Posener Landschaft) zu vgl. Entsch. des OVG. v. 3. Juni 1897, Entsch. i. St. Bd. VI. S. 133.

2c) Wenn eine verzinsliche Forderung zwar rechtlich noch besteht, aber ebensowohl wie die Zinsen unbeitreiblich ist, also beides wirthschaftlich als verloren angesehen werden muß, dürfen die Zinsen nicht mehr als Einkommen aus Kapitalvermögen angerechnet werden. Entsch. d. OVG. v. 24. Juni 1897, Entsch. i. St. Bd. VI S. 305.

2d) Ueber die Anrechnung von Zinsen, wenn der Schuldner sich im Konkurse befindet, vgl. Entsch. d. OVG. v. 23. Okt. 1894, Entsch. i. St. Bd. IV S. 140.

2e) Zinsen von Staatspapieren, welche der betreffende Staat zu einem bestimmten Betrage bei der Ausgabe der Papiere zugesichert, sind, nachdem der Staat erklärt hat, daß er die Zinsen nicht mehr in der früheren Höhe, sondern nur zu einem niedrigeren Betrage oder gar nicht zahlen werde, von dem Zeitpunkte solcher Erklärung ab nicht mehr in der ursprünglichen Höhe als zugesichert, sondern als ganz weggefallen bezw. nur noch als zu dem niedrigeren Betrage zugesichert anzusehen. Entsch. d. OVG. v. 13. Febr. 1893, Entsch. i. St. Bd. I S. 172. Das Einkommen aus nothleidenden Aktien rc. von ausländischen Eisenbahngesellschaften rc. ist nach dem dreijährigen Durchschnitt zu berechnen. Zu vergl. FME. v. 9. Jan. 1894, Mitth.H. 30 S. 3.

3) Vgl. Entsch. d. OVG. v. 24. Nov. 1892, Entsch. i. St. Bd. I S. 48.

4) Art. 250 des Allg. Deutschen Handelsgesetzbuches (BGB. 1869 S. 456) lautet:

„Eine stille Gesellschaft ist vorhanden, wenn sich Jemand an dem Betriebe des Handelsgewerbes eines Anderen mit einer Vermögenseinlage gegen Antheil an Gewinn und Verlust betheiligt.

Zur Gültigkeit des Vertrages bedarf es der schriftlichen Abfassung oder sonstiger Förmlichkeiten nicht."

5a) Auch das Einkommen der Gesellschafter aus Gesellschaften mit beschränkter Haftung ist Einkommen aus Kapitalvermögen. Entsch. d. OVG. v. 12. März 1895, Entsch. i. St. Bd. IV S. 21 und v. 29. Dez. 1896, Entsch. Bd. V S. 314.

5b) Im Sinne des Einkommensteuergesetzes ist das Einkommen, das ein persönlich haftender Gesellschafter einer Kommanditgesellschaft auf Aktien als solcher bezieht, nicht Einkommen aus Gewerbe. Entsch. d. OVG. v. 5. Nov. 1897, Entsch. i. St. Bd. VI S. 254. Dagegen ist das Einkommen aus der Betheiligung an einer offenen Handelsgesellschaft oder an einer einfachen Kommanditgesellschaft Einkommen aus Handel und Gewerbe. Entsch. d. OVG. v. 29. Dez. 1896, Entsch. i. St. Bd. V S. 315.

5c) Im Falle des Betriebes einer Zuckerfabrik durch eine eingetragene Genossenschaft sind die Gewinnantheile des einzelnen Genossenschafters nicht Einkommen aus Gewerbebetrieb. Entsch. d. OVG. v. 22. Sept. 1893, Entsch. i. St. Bd. II S. 79.

6) Die Berechnung des Einkommens erfolgt für jede Kapitalanlage dieser Art nach dem Stande derselben zur Zeit der Veranlagung (Steuererklärung) und nach dem Durchschnitte der in den letzten drei Jahren vertheilten Dividenden u. s. w. Hat der Steuerpflichtige die Aktien u. s. w. noch nicht so lange in seinem Besitz, so ist der Durchschnitt nach der während seiner Besitzzeit vertheilten Dividende zu berechnen. Aus Aktien u. s. w., welche

erst nach der letzten Dividendenvertheilung vom Steuerpflichtigen erworben sind, ist der muthmaßliche Jahresertrag in Ansatz zu bringen und bei dessen Veranschlagung wesentlich Rücksicht zu nehmen auf die in den letzten drei Jahren von dem betreffenden Unternehmen erzielten Erträge. Art. 8 d. A. Entsch. d. OVG. v. 5. März 1894, Entsch. i. St. Bd. II S. 441.

7a) Auch aus der Veräußerung von Grundstücken. Art. 9 d. A. Siehe auch diesbezüglich Entsch. d. OVG. v. 17. Nov. 1893, Entsch. i. St. Bd. II S. 315.

7b) Soll der Gewinn aus der Veräußerung eines Grundstückes als Einkommen aus Kapitalvermögen angerechnet werden, so setzt dies voraus, daß das Vorwalten der Spekulationszwecke aus den das ganze Geschäft begleitenden Umständen in positiver Weise thatsächlich festgestellt wird. Entsch. d. OVG. v. 14. März 1893, Entsch. i. St. Bd. I S. 274 und v. 4. Juli 1893, Entsch. i. St. Bd. II S. 169. Auch v. 28. Okt. 1893 und v. 24. Jan. 1894, Entsch. i. St. Bd. II S. 287 u. 385. Eine Vermuthung dafür, daß der bei dem Verkaufe eines Grundstücks erzielte Gewinn aus einem Spekulationsgeschäft hervorgegangen ist, besteht nicht. Entsch. d. OVG. v. 30. Nov. 1897, Entsch. i. St. Bd. VI S. 277. Siehe auch die Ausführungen der Entsch. v. 26. Nov. 1897, daselbst S. 276, über die Bedeutung des Vorhandenseins einer auf Gewinn bringende Wiederveräußerung gerichteten Absicht im Augenblicke des Erwerbes des fraglichen Grundstücks.

7c) Der Kaufpreis für ein zu Spekulationszwecken verkauftes Grundstück gilt auch insoweit als schon vereinnahmt, als er dem Käufer kreditirt worden ist. Entsch. d. OVG. v. 17. April 1893, Entsch. i. St. Bd. I S. 353.

8a) Der für das einzelne Geschäft zu berechnende Gewinn ergiebt sich aus der Gegenüberstellung einerseits des Anschaffungspreises unter Hinzurechnung der auf die Erhöhung des Kapitalwerthes, die Erhaltung und Bewirthschaftung etwa verwendeten Kosten — mit Ausschluß der Zinsen des eigenen Kapitals — andrerseits des erzielten Erlöses; von dem Gewinne sind die bei andern derartigen Geschäften erlittenen Verluste abzurechnen. Hierbei kommen nur vereinnahmte Gewinne und ebenso nur wirkliche Verluste in Betracht, nicht aber die durch das Steigen und Fallen der Kurse oder Preise bedingten Werthveränderungen.

Solche Auslagen, die seitens des Steuerpflichtigen von dem laufenden Jahreseinkommen in Abzug gebracht worden sind, müssen bei der Berechnung des Spekulationsgewinnes außer Betracht bleiben. Zu vgl. Art. 9 d. A. und FME. v. 23. April 1895, Mitth.H. 33 S. 4.

8 b) Daraus, daß das aus nicht gewerbsmäßiger Spekulation fließende Einkommen vom Gesetz als Einkommen aus Kapitalvermögen bezeichnet wird, folgt, daß dasselbe nach dem Durchschnittsergebniß der drei Vorjahre auch dann noch besteuert werden darf, wenn zur Zeit der Veranlagung nicht mehr spekulirt wird. Entsch. d. OVG. v. 22. Nov. 1895, Entsch. i. St. Bd. IV S. 209.

b. Einkommen aus Grundvermögen.

§ 13.

Das Einkommen aus Grundvermögen umfaßt die Erträge sämmtlicher Grundstücke, welche dem Steuerpflichtigen eigenthümlich gehören, oder aus denen ihm in Folge von Berechtigungen irgend welcher Art ein Einkommen zufließt.[1])

Von Grundstücken, welche verpachtet oder vermiethet sind,[2]) ist der Pacht- oder Miethszins, einerseits unter Hinzurechnung der dem Pächter beziehungsweise Miether obliegenden Natural- und sonstigen Nebenleistungen sowie der dem Verpächter beziehungsweise Vermiether vorbehaltenen Nutzungen, andererseits unter Abrechnung der dem letzteren verbliebenen abzugsfähigen Lasten, als Einkommen zu berechnen.

Für nicht vermiethete, sondern von dem Eigenthümer beziehungsweise Nutznießer selbst bewohnte oder sonst benutzte Gebäude ist das Einkommen nach dem Miethswerthe[3])[4]) zu bemessen; außer Ansatz bleibt der Miethswerth solcher von dem Eigenthümer beziehungsweise Nutznießer zu seinem landwirthschaftlichen oder gewerblichen Betriebe benutzten Gebäude oder Gebäudetheile, deren Nutzungswerth in dem Einkommen aus Landwirthschafts- oder Gewerbebetrieb enthalten ist.

Bei Schätzung des Einkommens aus nicht verpachteten Besitzungen[5]) ist der durch die eigene Bewirthschaftung erzielte Reinertrag[6]) zu Grunde zu legen. Die Veranlagung solcher Betriebe, bei welchen die Erträgnisse der Substanz des Bodens entnommen werden, sowie die Veranlagung ländlicher Fabrikationszweige erfolgen nach den Grundsätzen des §. 14, soweit diese Betriebe und Fabrikationszweige nicht bei der Ertragsermittelung des Hauptbetriebes, zu welchem sie gehören, berücksichtigt werden.

Der Gewinn beim pachtweisen Betriebe der Landwirthschaft ist in gleicher Weise zu veranschlagen, wie beim Betriebe auf eigenen Grundstücken, unter

Hinzurechnung des Miethswerths der mitverpachteten Wohnung.

Der Pachtzins einschließlich des Werths der etwa dem Pächter obliegenden Natural- und sonstigen Nebenleistungen ist davon in Abzug zu bringen.[7])

1) Ausgeschlossen von der Besteuerung ist jedoch das Einkommen aus den in anderen deutschen Bundesstaaten oder in einem deutschen Schutzgebiete belegenen Grundstücken, sowie das Einkommen der nicht des Erwerbes wegen in Preußen wohnenden oder sich aufhaltenden Ausländer aus den im Auslande belegenen Grundstücken. Art. 10 d. A.

2a) Zu vgl. Art. 15 u. 16 d. A. Zu Art. 16 bestimmt die Cirk.Verf. d. FM. v. 18. Okt. 1892, Mitth.H. 25 S. 8, zusätzlich:

> Stellen sich die Einnahmen des Vermiethers nach den Umständen des Falles nicht als feststehende, sondern als unbestimmte und schwankende dar, so sind sie nach dem Durchschnitt der letzten drei Jahre in Ansatz zu bringen.

Es ist also zunächst festzustellen, ob das fragliche Gebäude mit Rücksicht auf die bestehenden Verhältnisse (erhebliche Anzahl der Miether, Häufigkeit des Mietherwechsels, Kürze der üblichen Kündigungsfristen) im Allgemeinen schwankende Einnahmen ergiebt. Das Leerstehen einzelner zur Vermiethung bestimmter Wohnungen zur Zeit der Veranlagung oder bei Beginn des Steuerjahres reicht für diese Annahme nicht aus. Entsch. d. OVG. v. 5. Okt. 1895, Entsch. i. St. Bd. IV S. 186. Handelt es sich um ein Gebäude mit schwankenden Einnahmen, so ist der Durchschnitt der Vergangenheit für die Feststellung der Miethseinnahmen maßgebend. Anderenfalls sind die einzelnen vermietheten Wohnungen nicht summarisch, sondern jede Wohnungseinheit für sich als Einnahmequelle zu betrachten. Ist zu Beginn des Steuerjahres ein für das ganze Steuerjahr abgeschlossener Miethskontrakt vorhanden, so ist unzweifelhaft hinsichtlich dieser Wohnungseinheit eine feststehende, mit dem auf das Steuerjahr fallenden Betrage zur Anrechnung zu bringende Einnahme vorhanden. Auch in dem Falle, daß der bei Beginn des Steuerjahres bestehende Miethsvertrag sich auf unbestimmte Zeit im Laufe befindet, ist es in der Regel gerechtfertigt, die Miethseinnahme als eine feststehende zu behandeln, also mit ihrem Betrage für das Steuerjahr in Ansatz zu bringen. Ist zu Beginn des Steuerjahres aber auf eine Vermiethung nach der bevorstehenden Beendigung des laufenden Vertrages zu dem bei Beginn des Steuerjahres geltenden Miethspreise auf das ganze Steuerjahr nicht zu rechnen (z. B. wenn die Wohnung zum 1. Okt. gekündigt ist), so ist keine feststehende Einnahme vorhanden. Alsdann ist hinsichtlich dieser Wohnung mit dem Durchschnitt der Vergangenheit, bezw. mit dem muthmaßlichen Jahresertrage zu rechnen. Entsch. d. OVG. v. 5. Nov. 1897, 28. Jan. 1898, 1. April 1898, Entsch. i. St. Bd. VI S. 309 ff.

2 b) Auch Pachtzinsen können unter Umständen ebenso als schwankende Einnahmen angesehen werden wie Miethszinsen. Entsch. d. OVG. v. 15. Mai 1896, Entsch. i. St. Bd. V S. 131.

3 a) Für Wohnungen bezw. Räume, die der Steuerpflichtige weder selbst (auch nicht zeitweise, z. B. für Gäste) benutzt, noch Haushaltungsangehörigen überläßt, noch Dritten entgeltlich einräumt, kann ein Nutzungswerth überhaupt nicht angerechnet werden. Entsch. d. OVG. v. 16. Nov. 1895, Entsch. i. St. Bd. IV. S. 183 und v. 10. Juli 1896, Entsch. i. St. Bd. V S. 203.

3 b) An Orten, an welchen eine größere Zahl von Wohnungen durch Vermiethung genutzt wird, ist der Miethswerth durch Vergleichung mit dem wirklichen

Miethsertrage von Wohnungen gleicher Beschaffenheit zu ermitteln. Fehlt es an solchen Vergleichsgegenständen an demselben Orte, so ist geeigneten Falls auf die Miethspreise benachbarter Ortschaften zurückzugehen. Wo auch dieses Auskunftsmittel versagt, können die Gebäudesteuer-Nutzungswerthe einen Anhalt für die Schätzung, aber auch nur einen solchen, gewähren, maßgebend sind sie nicht. Vgl. Art. 16 d. A.

3c) Ueber die Ansetzung des Miethswerthes sogenannter „Schlösser" auf Landgütern zu vgl. Entsch. d. OVG. v. 14. Dez. 1894, Entsch. i. St. Bd. III S. 151. Der Gebäudesteuer-Nutzungswerth läßt dabei aus den dort angeführten Gründen vollständig im Stich.

Für zulässig wird erachtet, den Gebrauchswerth in ein gewisses Verhältniß zum Kostenwerthe des Gebäudes zu bringen.

4a) Als abzugsfähige Reparaturkosten können solche Ausgaben nicht angesehen werden, die den Zweck haben, ein Gebäude 2c. in einen Zustand der Ertragsfähigkeit zu versetzen, in dem es bei der Erwerbung durch den gegenwärtigen Eigenthümer sich noch nicht befunden hat. Entsch. d. OVG. v. 21. Jan. 1896 und 2. Juni 1896, Entsch. i. St. Bd. V S. 26 u. 29.

4b) Ueber die zulässigen Abzüge auf Abnutzung von Gebäuden siehe FME. v. 3. Febr. 1892, Mitth.H. 25 S. 6, und den späteren FME. v. 7. Febr. 1893, Mitth.H. 26 S. 4, welcher zuläßt, daß

für massive Wohngebäude in gutem Zustande $^1/_4$ %,
für andere Wohngebäude je nach der baulichen Beschaffenheit bis zu $^1/_2$ %

des Bauwerthes auf Abnutzung abgezogen werden. Letzterer Erlaß bleibt auch neben der Entscheidung der vereinigten Steuersenate des OVG. v. 27. Nov. 1896, Entsch. i. St. Bd. V S. 270, welche abweichende Grundsätze aufstellt, zu beachten, da sich der Berechnung der Abnutzungsquote nach den theoretischen Darlegungen des

OVG. in der Praxis unüberwindliche Schwierigkeiten entgegenstellen. Vgl. auch FME. v. 26. März 1897, Mitth.H. 35 S. 9. Bei Aufstellung der oben bezeichneten Abnutzungssätze ist übrigens die vom OVG. anderweitig verworfene Zinseszinsrechnung **nicht** zu Grunde gelegt. Macht der Steuerpflichtige Verhältnisse geltend, welche eine **größere** Werthverminderung bedingen, so muß er seine Anführungen jedenfalls beweisen.

5) Vgl. Art. 11—14 d. A. Es behandeln davon Art. 11: Einkommen aus nicht verpachteten landwirthschaftlich benutzten Besitzungen, Art. 12: landwirthschaftliche Nebenbetriebe, Art. 13: Holzungen (Waldungen), Art. 14: Bau-, Zimmerplätze u. s. w.

6a) Als Reingewinn gilt die gesammte Roheinnahme der maßgebenden Wirthschaftsperiode nach Abzug der Bewirthschaftungsunkosten und unter Berücksichtigung des bei Beginn und am Schlusse der Periode vorhandenen Bestandes von Vorräthen.

I. In Einnahme sind zu stellen:

1. der erzielte Preis für alle gegen Baarzahlung oder Kredit veräußerten Erzeugnisse aus allen Wirthschaftszweigen, sowie für die Verleihung von Zugkraft und anderen Wirthschaftsmitteln;
2. der Geldwerth aller Erzeugnisse, welche zur Bestreitung des Haushalts des Besitzers, zum Unterhalt seiner Angehörigen, sowie der nicht zum Wirthschaftsbetriebe gehaltenen Hausgenossen verbraucht oder sonst zu ihrem Nutzen oder ihrer Annehmlichkeit verwendet sind; hierher gehört namentlich auch der Aufwand an Naturalien für die Beköstigung des zur persönlichen Bedienung gehaltenen Gesindes, für die Unterhaltung von Luxuspferden und dergleichen;
3. der Miethswerth der von dem Eigenthümer und seinen Angehörigen selbstbewohnten oder zur Führung des Haushaltes benutzten Gebäude;

4. der Geldwerth des am Schlusse der Periode vorhandenen Bestandes an Wirthschaftserzeugnissen, soweit dieselben zur Verwerthung durch Verkauf oder zum Verbrauch im Haushalte bestimmt sind;
5. der Geldwerth der Nutzung von etwaigen Gerechtsamen gegen andere Grundstücke und andere Zubehörungen.

II. Von der Einnahme sind als Bewirthschaftungskosten in Abzug zu bringen die Ausgaben:
1. für Unterhaltung — nicht auch für die Erweiterung oder den Neubau — der Wirthschaftsgebäude, Tagelöhnerwohnungen und der übrigen dem Wirthschaftsbetriebe dienenden oder denselben sichernden baulichen Anlagen (Deiche, Mauern, Zäune, Wege, Brücken, Brunnen, Wasserleitungen, Schleusen, Entwässerungsanlagen);
2. für die Erhaltung und Ergänzung — nicht auch für die Verbesserung und Vermehrung — des lebenden und todten Wirthschaftsinventars;
3. für die Versicherung der Wirthschaftsgebäude, des lebenden und todten Wirthschaftsinventars, der Vorräthe an Wirthschaftserzeugnissen, sowie der noch ungeernteten Feld- und Gartenfrüchte, — nicht aber des Haushaltungsmobiliars — gegen Feuer-, Hagel- und andere Schaden;
4. für Heizung und Beleuchtung der Wirthschaftsräume, nicht auch der für den Haushalt benutzten Räume;
5. für Samen, Pflanzen, Futter- und Düngemittel, Rohstoffe und sonstige Materialien, welche für den laufenden Wirthschaftsbetrieb einschließlich der etwaigen Nebenbetriebe zugekauft worden sind;
6. für Gehalt, Lohn und sonstige Dienstemolumente, — soweit dieselben nicht den Wirthschaftserzeugnissen entnommen sind — an das zum Wirthschaftsbetriebe, nicht auch an das zum Haushalt oder zu persönlichen Dienstleistungen angenommene Personal;

7. die gesetz- oder vertragsmäßig vom Eigenthümer für das zum Wirthschaftsbetriebe angenommene Personal zu leistenden Beiträge zu Kranken- u. s. w. Kassen;
8. die Staats-, Grund- und Gebäudesteuer (siehe jedoch Anm. 8 zu § 9 des Ges.), sowie die von landwirthschaftlichen Nebenbetrieben zu entrichtenden Gewerbesteuern und indirekten Abgaben (Zuckersteuer — Branntweinsteuer u. s. w.).

Hierzu kommt:

9. der Geldwerth der aus der vorangegangenen in die gegenwärtige Wirthschaftsperiode übernommenen Bestände an Vorräthen der zu I Nr. 4 bezeichneten Art.

III. Für die Abnutzung der zum Wirthschaftsbetriebe nothwendigen Gebäude, Maschinen, Geräthschaften kann ein angemessener Prozentsatz des Substanzwerthes in Abzug gebracht werden.

Art. 11 d. A.

6b) Die Schätzung des Einkommens aus selbstbewirthschaftetem Grundbesitz muß regelmäßig in einer den vollen Reinertrag darstellenden Summe erfolgen. Der Werth der Arbeitsleistung der in der Landwirthschaft thätigen Kinder des Besitzers bildet für Letzteren niemals Einkommen aus Gewinn bringender Beschäftigung, sondern ist im Ertrage der Landwirthschaft zum Ausdruck zu bringen. Entsch. d. OVG. v. 27. Juni 1895, Entsch. i. St. Bd. IV S. 122.

6c) Der Lohnfuhrbetrieb eines Landwirths erscheint nur dann als ein selbstständiger Gewerbebetrieb, dessen Einkommen neben demjenigen aus der Landwirthschaft angerechnet werden darf, wenn derselbe und die dazu verwendeten Mittel von dem Betriebe der Landwirthschaft vollständig gesondert sind. Entsch. d. OVG. v. 4. Juli 1896, Entsch. i. St. Bd. V S. 180.

6d) Die Jagdnutzung ist an sich ein Theil der Nutzungen, die Feld und Wald gewähren, so daß sie an sich einen Theil des Einkommens aus Grundvermögen bilden kann und häufig bildet. Wird die Jagd aber, wie in zahlreichen Fällen vorkommt, Gegenstand der Liebhaberei, werden auf die Erhaltung Pflege, Vermehrung des Wildes, auf die Ausstattung und den Schutz der Jagdgründe, auf die Art der Jagdausübung Kosten verwendet, die mit dem Ertrage der Jagd in gar keinem Verhältnisse stehen, aber auch nach Absicht der Betheiligten in gar keinem Verhältnisse stehen sollen, so ist aus dem unter Umständen nutzbringenden Wirthschaftszweige ein kostspieliger Theil des Haushalts geworden. In solchem Falle kommt die Jagd weder in Einnahme noch in Ausgabe für die steuerliche Berechnung des Einkommens in Betracht. Entsch. d. OVG. v. 14. Dez. 1894, Entsch. i. St. Bd. III S. 150.

6e) Erträge aus dem Abtriebe von Forsten sind nur dann steuerpflichtiges Einkommen, wenn der Abtrieb nach forstwirthschaftlichen Grundsätzen als innerhalb des Bereichs einer regelmäßigen, eine Verminderung des Holzbestandkapitals nicht in sich schließenden Nutzung angesehen werden kann. Im Falle des Verkaufs von Holz auf dem Stamme ist der ganze erzielte Kaufpreis eine Einnahme desjenigen Wirthschaftsjahres, in welchem der Verkauf stattgefunden hat. Gleichgültig ist der Zeitpunkt des Abschlagens des Holzes und der Zahlung des Preises. Entsch. d. OVG. v. 31. Mai 1893 und 7. Juni 1893, Entsch. i. St. Bd. II S. 19 u. 25. Siehe auch FME. v. 10. Dez. 1891, Mitth.H. 25 S. 4.

6f) Zu vgl. Anm. 3b u. c zu § 8 des Ges.

6g) Die Abzugsfähigkeit der Kosten für Aufforstungen ist abhängig von der Thatfrage, ob es sich um Erhaltung (bezw. Wiederherstellung) eines Forstbestandes oder aber um Neubeforstung unbewaldeter Flächen behufs Erweiterung des Forstbestandes handelt. Entsch. d. OVG. v. 2. Juli 1896, Entsch. i. St. Bd. V S. 199.

6h) Wenn ein Landwirth solche Pferde, welche im landwirthschaftlichen Betriebe nothwendig und hierfür beschafft sind und unterhalten werden, in betriebsfreien Zeiten zu seinem oder seiner Familie persönlichem Gebrauche benutzt, so darf der Werth eines solchen Gebrauches nicht als Einkommen angerechnet werden. Entsch. d. OVG. v. 16. Juni 1896.

6i) Ueber die Ansetzung des Werthes der im eigenen Haushalt verbrauchten Erzeugnisse des landwirthschaftlichen Betriebes zu vgl. Anm. 16i zu § 9 des Ges.

6k) Die Ausgaben für den Ersatzbau eines Wirthschaftsgebäudes gehören nicht zu den abzugsfähigen Bewirthschaftungskosten. Entsch. d. OVG. v. 25. Mai 1893, Entsch. i. St. Bd. I S. 387. Siehe auch nachstehend Anm. 6m.

6l) Abschreibungen auf Abnutzung für das lebende Wirthschaftsinventar sind nicht zulässig. Siehe Anm. 10p zu § 9 des Ges.

6m) Findet Schätzung des Reinertrages eines landwirthschaftlichen Betriebes statt, so gelten die Abnutzungsquoten für Gebäude, Inventar 2c. als bereits berücksichtigt. Entsch. d. OVG. v. 25. Mai 1893, Entsch. i. St. Bd. I S. 387.

7) Ueber Abzugsfähigkeit von Ausgaben, die ein Pächter zur Erhaltung und Ergänzung des lebenden und todten Wirthschaftsinventars zu leisten hat, vgl. Entsch. d. OVG. v. 23. Mai 1894, Entsch. i. St. Bd. III S. 46.

c. Einkommen aus Handel und Gewerbe einschließlich des Bergbaues.

§ 14.

Das Einkommen aus Handel und Gewerbe einschließlich des Bergbaues[1]) besteht in dem in Gemäßheit der allgemeinen Grundsätze (§§. 6 bis 11) ermittelten Geschäftsgewinne. Mit dieser Maßgabe[2]) ist der Reingewinn aus dem Handel und Gewerbe=

betriebe[3]) nach den Grundsätzen zu berechnen, wie solche für die Inventur und Bilanz durch das Allgemeine Deutsche Handelsgesetzbuch vorgeschrieben sind und sonst dem Gebrauche eines ordentlichen Kaufmannes entsprechen. Insbesondere gilt dieses einerseits von dem Zuwachs des Anlagekapitals und andererseits von den regelmäßigen jährlichen Abschreibungen,[4]) welche einer angemessenen Berücksichtigung der Werthverminderung entsprechen.

Im Uebrigen gilt für die Berechnung und Schätzung des Einkommens aus Gewerbe und Handel Folgendes:

1) Die Zinsen des im Handels- oder Gewerbebetrieb angelegten eigenen Kapitals des Steuerpflichtigen sind als Theile des Geschäftsgewinnes zu betrachten.

2) Der von einer nicht nach §. 1 Nr. 4 und 5 steuerpflichtigen Erwerbsgesellschaft erzielte Geschäftsgewinn ist den einzelnen Theilhabern nach Maßgabe ihres Antheils anzurechnen.

3) Der Gewinn aus den zu Spekulationszwecken abgeschlossenen Geschäften, abzüglich etwaiger Verluste bei derartigen Geschäften, und aus der Betheiligung an derartigen Geschäften ist auch bei solchen Steuerpflichtigen, welche nicht zu den Handel- und Gewerbetreibenden gehören, nach den für das Einkommen aus Handel und Gewerbe maßgebenden Grundsätzen zu berechnen.[5])

1a) Vgl. Art. 17—20 d. A.

1b) Außer Betracht bleibt der Gewinn:

a. aus dem in einem anderen deutschen Bundesstaate oder einem deutschen Schutzgebiete betriebenen Gewerbe,

b. aus dem ausländischen Gewerbebetriebe eines in Preußen steuerpflichtigen, aber nicht des Erwerbes wegen sich aufhaltenden Ausländers.

1c) Nicht Einkommen aus Handel und Gewerbe, sondern Einkommen aus Kapitalvermögen sind Dividenden und Zinsen, Ausbeuten und sonstige Gewinnantheile von Aktiengesellschaften, Kommanditgesellschaften auf Aktien, Gewerkschaften, Erwerbs- und Wirthschaftsgenossenschaften, stillen Gesellschaften, Gesellschaften mit beschränkter Haftung. Vgl. § 12 des Ges. u. Anm. 5a—c dazu. Auch die Gewährung von Darlehen oder das Ausleihen von Baugeldern ist nicht Gewerbebetrieb. Entsch. d. OVG. v. 25. Okt. 1894, Entsch. i. St. Bd. III S. 265. Zum Einkommen aus Handel und Gewerbe gehören aber nicht allein die Gewinne, die durch die unmittelbare Ausübung der betreffenden gewerblichen und Handelsthätigkeit hervorgebracht werden, sondern auch die Gewinne, die in Veranlassung des Handels- und Gewerbebetriebes mittelbar durch irgendwelche Zwischennutzungen erzielt werden. Hierher sind zu rechnen z. B. Zinsen des Bankiers aus den jeweiligen in seinem Besitz befindlichen Werthpapieren (Entsch. d. OVG. i. St. Bd. I S. 14 u. 44), Miethseinnahmen, welche im Betriebe des Grundstückshandels aus den eine Waare bildenden Grundstücken erzielt werden (Entsch. d. OVG. i. St. Bd. III S. 239 u. 289), Miethseinnahmen, welche im Gewerbebetriebe aus der Vermiethung von Arbeitshäusern erwachsen (Entsch. d. OVG. i. St. Bd. XX S. 106) 2c.

Die entgeltliche Verleihung von Maschinenkraft bildet ohne Rücksicht auf gleichzeitige Vermiethung von Raum eine gewerbliche Thätigkeit. Entsch. d. OVG. v. 21. Sept. 1897.

2a) Ueber das Verhältniß von Satz 2 des Paragraphen zu Satz 1 vgl. Entsch. d. OVG. v. 13. Dez. 1895, Entsch. i. St. Bd. IV S. 241. Siehe auch Entsch. v. 24. Nov. 1892, Entsch. i. St. Bd. I S. 59 und Aeußerung des Reg.-Vertreters in der Sitzung des H. d. Abg. v. 16. Febr. 1891.

2b) Jede Bilanz ist daraufhin zu prüfen, ob sie nicht Ausgabeposten, Abschreibungen oder Rücklagen enthält, die vom Standpunkt eines vorsichtigen Kaufmanns zwar berechtigt sein mögen, für die Berechnung des steuerpflichtigen Einkommens aber gleichwohl auszuscheiden sind. Entsch. d. OVG. v. 24. Nov. 1892, Entsch. i. St. Bd. I S. 59.

2c) Bei Gewerbetreibenden, welche nicht Kaufleute im Sinne des Handelsgesetzbuchs sind, ergiebt sich der Geschäftsgewinn aus der Gegenüberstellung der jährlichen Betriebs-Einnahmen und Ausgaben.

I. Zu den Einnahmen gehören insbesondere:

1. die für geschäftliche oder gewerbliche Leistungen jeder Art bedungenen oder gewährten Provisionen, Zinsen oder sonstigen Gegenleistungen;
2. der erzielte Preis für alle gegen Baarzahlung oder Kredit verkauften Waaren und Erzeugnisse;
3. der Geldwerth der zum Gebrauche oder Verbrauche des Steuerpflichtigen, seiner Angehörigen und der nicht zum Gewerbebetriebe gehaltenen Dienstboten und sonstigen Hausgenossen aus dem Betriebe entnommenen Erzeugnisse und Waaren.

II. Von der Einnahme sind als Betriebskosten in Abzug zu bringen:

1. die Kosten der Unterhaltung der dem Betriebe dienenden Gebäude und sonstigen baulichen Anlagen, sowie zur Erhaltung und Ergänzung des vorhandenen lebenden und todten Betriebsinventars;

2. die Kosten für Versicherung der zu 1. gedachten Gegenstände, sowie der Waarenvorräthe gegen Brand- und sonstigen Schaden;
3. der Pacht- und Miethszins für die zum Geschäftsbetriebe gepachteten und gemietheten Grundstücke, Gebäude und Utensilien;
4. die Ausgaben für die im Betriebe erforderliche Heizung und Beleuchtung;
5. die Anschaffungskosten für die eingekauften Roh- und Hülfsstoffe und Waaren, sowie für die sonst im Betriebe erforderlichen Materialien;
6. die Löhnung der für den Gewerbebetrieb angenommenen Angestellten, Gesellen, Gehilfen, Arbeiter einschließlich des Geldwerthes der etwa gewährten Beköstigung und sonstigen Naturalleistungen, soweit diese nicht aus den Betriebsbeständen entnommen werden;
7. die von dem Unternehmer gesetz- oder vertragsmäßig für das Betriebspersonal (Nr. 6) zu entrichtenden Beiträge zu Kranken- u. s. w. Kassen;
8. die Staatsgewerbesteuer, die auf den dem Betriebe dienenden Grundstücken haftenden Staats-, Grund- und Gebäudesteuer (siehe auch Anm. 8 zu § 9 des Ges.), sowie die im Geschäftsbetriebe zu entrichtenden indirekten Abgaben (Zölle u. s. w.).

III. Für die Abnutzung der im Gewerbebetriebe nothwendigen Gebäude, Maschinen, Geräthschaften kann ein angemessener Prozentsatz des Substanzwerthes in Abzug gebracht werden.

Art. 18 d. A.

3) Bezüglich ihres Einkommens aus anderen Quellen als Handel und Gewerbe, besonders aus Kapital- und Grundvermögen, sind Handel- und Gewerbetreibende, wenn sie dasselbe auch in ihren Geschäftsbüchern nachweisen, denselben Veranlagungsvorschriften wie alle anderen Kapital- und Grundbesitzer unterworfen. Ein gegentheiliger Schluß darf auch nicht aus dem Umstande ge-

zogen werden, daß nach handelsgesetzlicher Vorschrift der Kaufmann alle Grundstücke und alle Forderungen in die Bilanz aufzunehmen hat. Entsch. d. OVG. v. 21. Nov. 1892, Entsch. i. St. Bd. I S. 44.

4a) Zu berücksichtigen ist hier jede, gleichviel aus welchem Grunde zur Zeit der Aufstellung von Inventur und Bilanz eingetretene Werthverminderung. Entsch. d. OVG. v. 27. Nov. 1896, Entsch. i. St. Bd. V S. 270. Dagegen hat die Vorschrift in § 9 Ziffer 5 des Ges. nur die Abnutzung, d. h. die Substanzverzehrung im Auge. Siehe die Ausführungen desselben Erkenntnisses l. c. S. 290. Die in Anm. 2b zu diesem Paragraphen erwähnte Nachprüfung der vorgenommenen Abschreibungen kann und soll diejenigen ausscheiden, welche sich nicht als „regelmäßige", sondern als über den allgemeinen Gebrauch, resp. über das durch die besonderen thatsächlichen Verhältnisse gerechtfertigte Maß hinaus gehende darstellen, oder gar die Absicht einer künstlichen Herabdrückung des wirklichen Reingewinnes erkennen lassen. Art. 19 d. A.

4b) Eine in der Bilanz enthaltene Abschreibung darf nicht deshalb verworfen werden, weil sie bei der Inventuraufnahme noch nicht berücksichtigt ist. Entsch. d. OVG. v. 27. Febr. 1893, Entsch. i. St. Bd. I S. 196.

4c) Ueber Abschreibungen auf unsichere Forderungen (Delkrederekonto) vgl. Art. 19 letzter Abs. d. A. Entsch. d. OVG. v. 24. April 1893, Entsch. i. St. Bd. I S. 361. Gegenüber den im Delkrederekonto behufs Richtigstellung der Bewerthung unsicherer Forderungen bewirkten Abschreibungen müssen die betreffenden Forderungen in ihrem ganzen Sollbetrage in Einnahme gestellt sein. Entsch. d. OVG. v. 27. Sept. 1893, Entsch. i. St. Bd. II S. 176.

5) Daraus folgt, daß dieser Gewinn in demjenigen Steuerjahr nicht mehr besteuert werden darf, vor dessen Beginn der gewerbliche Betrieb bereits eingestellt war.

Entsch. d. OVG. v. 22. Nov. 1895, Entsch. i. St. Bd. IV S. 209. Siehe dagegen Anm. 8b zu § 12 des Ges.

d. **Einkommen aus Gewinn bringender Beschäftigung und aus Rechten auf periodische Hebungen u. s. w.**[1])

§ 15.

Das Einkommen aus Gewinn bringender Beschäftigung,[2]) sowie aus Rechten auf periodische Hebungen und Vortheile irgend welcher Art umfaßt insbesondere den Verdienst der Arbeiter, Dienstboten und Gewerbegehülfen, die Besoldung der Militärpersonen und Beamten jeder Art,[3]) ferner den Gewinn aus schriftstellerischer,[4]) künstlerischer, wissenschaftlicher, unterrichtender[5]) oder erziehender Thätigkeit, sowie Wartegelder, Pensionen und sonstige fortlaufende[6]) Einnahmen, welche nicht als Jahresrenten eines beweglichen oder unbeweglichen Vermögens anzusehen sind, endlich solche Rentenbezüge, welche an die Person des Empfangsberechtigten geknüpft sind.[7])

Das Einkommen aus Dienstwohnungen[8]) ist nach dem ortsüblichen Miethswerthe, jedoch nicht höher als mit fünfzehn vom Hundert des baaren Gehalts des Berechtigten in Ansatz zu bringen. Soweit Dienstwohnungen vermiethet sind, ist der Miethszins nach Maßgabe der Bestimmungen im §. 13 Absatz 2 anzurechnen.

Bei Militärpersonen, Reichsbeamten, unmittelbaren und mittelbaren Staatsbeamten, Geistlichen und Lehrern an öffentlichen Unterrichtsanstalten ist der zur Bestreitung des Dienstaufwandes⁹) bestimmte Theil des Diensteinkommens außer Ansatz zu lassen.

1) Zu vgl. Art. 21—23 d. A.

2a) Als steuerpflichtiges Einkommen aus Gewinn bringender Beschäftigung gelten auch die dem Angestellten eines Bankinstituts neben den Gehaltsbezügen vertragsmäßig alljährlich auf ein besonderes Konto gutgeschriebenen Beträge nebst den alljährlich davon gutgeschriebenen Zinsen, obwohl dieses Guthaben während der Dauer des Dienstvertrages nicht abgehoben werden darf. Entsch. d. OVG. v. 6. Okt. 1892, Entsch. i. St. Bd. I S. 12.

2b) Die Beträge, welche dem zu Gunsten der Reichsbankbeamten angesammelten Tantièmenfonds jährlich zufließen, sind steuerpflichtiges Einkommen aus Gewinn bringender Beschäftigung. Entsch. d. OVG. v. 13. Juni 1894, Entsch. i. St. Bd. III S. 70.

2c) Der dem Angestellten einer Aktiengesellschaft vertragsmäßig zugesicherte Gewinnantheil an dem Ertrage des Gewerbebetriebes der Gesellschaft ist als Einkommen aus Gewinn bringender Thätigkeit anzusehen. Entsch. d. OVG. v. 20. Okt. 1892, Entsch. i. St. Bd. I S. 18.

2d) Die Anrechnung von Gratifikationen als steuerpflichtiges Einkommen hat lediglich die thatsächliche in gewisser Stetigkeit wiederholte, in Anerkennung geleisteter oder zu leistender Dienste gewährte Zuwendung zur Voraussetzung; Erzwingbarkeit im Rechtswege ist nicht erforderlich. Entsch. d. OVG. v. 6. März 1893, Entsch. i. St. Bd. I S. 240. Daher sind die sog. Weihnachtsgratifikationen der kaufmännischen Angestellten steuerpflichtiges Einkommen, auch wenn sie nicht auf ausdrücklicher Vereinbarung beruhen. Art. 21 Ziffer 2 d. A.

2e) Trinkgelder, auf welche der Steuerpflichtige, wie z. B. Kellner, Portiers u. s. w., nach den thatsächlich bestehenden Verhältnissen als beständige Einnahmequelle angewiesen ist, bilden steuerpflichtiges Einkommen aus Gewinn bringender Beschäftigung. Entsch. d. OVG. v. 19. Jan. 1893, Entsch. i. St. Bd. I S. 127. Die den Pferdebahnschaffnern von den Fahrgästen zufließenden Trinkgelder sind dagegen als steuerpflichtiges Einkommen nicht anzusehen. Entsch. d. OVG. v. 21. Dez. 1893, Entsch. i. St. Bd. II S. 345.

2f) Die von dem Privatsekretär eines Rechtsanwalts neben dem Gehalt durch selbständige Thätigkeit in schwankender Höhe erzielten Einnahmen sind als Einkommen aus Gewinn bringender Beschäftigung nach dem Durchschnitt der Vorjahre steuerpflichtig, ohne daß es auf die Ergiebigkeit und Regelmäßigkeit des Bezuges ankommt. Entsch. d. OVG. v. 3. Nov. 1892, Entsch. i. St. Bd. I S. 33.

2g) Der Geldwerth des freien Haustrunks, welcher Brauern nach allgemeinem Geschäftsgebrauche neben ihrem baaren Lohne als selbstverständliche Leistung gewährt wird, ist dem steuerpflichtigen Einkommen zuzurechnen. FME. v. 1. Juni 1897, Mitth.H. 35 S. 9.

2h) Die Spesen, welche ein Geschäftsreisender außer seinem Gehalt für die Zeit seiner Reisen zur Bestreitung des Unterhalts während der Reise in Gestalt einer fest bestimmten Reiseentschädigung empfängt, stellen nicht ohne Weiteres steuerpflichtiges Einkommen dar, sondern nur insoweit, als ein Ueberschuß verbleibt. Entsch. d. OVG. v. 13. März 1893, Entsch. i. St. Bd. I S. 259. Erhält der Reisende „Vertrauensspesen", so ist prinzipiell von einem Ueberschuß keine Rede und steuerpflichtiges Einkommen daraus ihm nicht anzurechnen. Entsch. d. OVG. v. 18. Juni 1896.

2i) Von der Einnahme aus Gewinn bringender Beschäftigung sind nach Art. 21 Ziffer 4 d. A. abzurechnen:

a. Die etwaigen Geschäftsunkosten, insbesondere die laufenden Ausgaben der Rechtsanwälte, Notare, Gerichtsvollzieher für die Unterhaltung — nicht auch die Kosten für die erste Einrichtung — des Bureaus, die laufenden Ausgaben der Aerzte für das zur Besorgung der Praxis gehaltene Fuhrwerk, der Künstler, Gelehrten für die Besoldung von Mitarbeitern oder Gehülfen, für die Beschaffung der zur Ausübung der Berufsthätigkeit erforderlichen Materialien, sowie für Instandhaltung und Ergänzung, nicht aber für die erste Anschaffung der erforderlichen Geräthschaften.

b. Diejenigen für den Dienstherrn oder Arbeitgeber geleisteten Ausgaben, für welche die Entschädigung in der für die übernommene Thätigkeit gewährten Gegenleistung mitenthalten ist.

2 k) Vgl. Anm. 1 b u. 1 e, auch 16 e, f, g zu § 9 des Gesetzes.

3 a) Keinen Unterschied macht es, unter welcher Bezeichnung (Gehalt, Remuneration, Diäten, Wohnungsgeldzuschuß, Servis u. s. w.) die Besoldung der Beamten gewährt wird; ebensowenig kommt es darauf an, ob dieselbe etatsmäßig und bei der Pensionirung anrechnungsfähig ist oder nicht. Außer den baaren Einnahmen ist auch der Geldwerth der etwaigen Naturalbezüge zu berücksichtigen. Art. 21 Ziffer 2 Abs. 2 und Ziffer 3 Abs. 1 d. A.

3 b) Die einem Forstassessor für die Berufung in eine amtliche Thätigkeit „bis auf Weiteres" bewilligte diätarische Remuneration ist als steuerpflichtiges Einkommen anzusehen, wenngleich dieselbe nur tageweise fixirt und postnumerando zahlbar ist. Entsch. d. OVG. v. 14. März 1893, Entsch. i. St. Bd. I S. 278.

3 c) Steht zur Zeit der Veranlagung rechnungsmäßig fest, daß Diäten eines Beamten zu einem bestimmten Termine während des Steuerjahres fortfallen werden,

so ist der bis zu diesem Termine zu berechnende Betrag der Diäten als Jahreseinkommen für das Steuerjahr zu behandeln. Entsch. d. OVG. v. 5. Febr. 1894, Entsch. i. St. Bd. II S. 408.

3d) Die diätarische Remuneration eines auf unbestimmte Zeit einem Amtsgerichte als Bureau-Hülfsarbeiter überwiesenen Gerichtsaktuars ist steuerpflichtig. Entsch. d. OVG. v. 18. Mai 1893, Entsch. Bd. I S. 382. Der preußische Gerichtsassessor als solcher hat zur Zeit überhaupt kein Staatseinkommen. Erst mit der Bestellung zum Hülfsrichter gelangt die Einkommensquelle aus Gewinn bringender Beschäftigung zur Entstehung. Entsch. d. OVG. v. 14. März 1893, Entsch. i. St. Bd. I. S. 269.

3e) Der Steuerpflicht unterliegen auch einmalige Einnahmen der Beamten, sofern sie nur unter den Begriff der Besoldung unterstellt werden können. Die einem Regierungssekretär herkömmlich gewährten Remunerationen sind, da sie eine Vergütung für die dienstliche Thätigkeit darstellen, steuerpflichtig. Entsch. d. OVG. v. 25. Sept. 1893, Entsch. i. St. Bd. II S. 98. Vgl. auch FME. v. 20. März 1893, Mitth.H. 26 S. 3. Ueber die Berechnungsart außerordentlicher einmaliger Remunerationen zu vgl. Entsch. d. OVG. v. 6. Dez. 1897, Entsch. i. St. Bd. VI, S. 285.

3f) Die sog. Stellenzulagen der höheren Militärs und Militärbeamten gelten als wirkliche Gehaltstheile, da sie nicht die Entschädigung für einen bestimmten Dienstaufwand bilden. (FME. v. 15. Aug. 1851 — III. 18069 —.)

3g) Beträge, die ein Beamter zur Bestreitung vermehrter Aufwendungen für Lebensbedürfnisse bezieht (Stationszulagen), gelten nicht als Dienstaufwandsentschädigung, es sei denn, daß ein Theil der Haushaltungskosten des betreffenden Beamten als Repräsentationskosten anerkannt ist. Entsch. d. OVG. v. 28. Juni 1895, Entsch. i. St. Bd. IV S. 98.

3b) Die sog. Lokalzulagen der gesandtschaftlichen Beamten sind als steuerpflichtiges Einkommen zu betrachten (FME. v. 31. März 1852 — III. 7020), siehe jedoch § 1 Nr. 1c und § 6 Nr. 4.

3i) Die Zulagen, welche den als Lehrer bei der Oberfeuerwerkerschule fungirenden Offizieren gewährt werden, und die Zulagen der etatsmäßigen Offiziere der Artillerieschießschule sind als Dienstaufwandsentschädigung im Sinne der Steuergesetzgebung nicht anzusehen, und demnach steuerpflichtig. (KME. v. 6. März 1879 — AKD. 2767/5 — u. KME. v. 17. Aug. 1881 — A. I. 119. 8 —, FME. v. 27. April 1889 — II. 5335 —.)

3k) Die Stellenzulagen der Oberpräsidenten, Regierungs-Präsidenten und des Polizei-Präsidenten zu Berlin gelten als zur Bestreitung von Repräsentationskosten gewährte Bezüge und sind daher steuerfrei zu belassen. FME. v. 10. Nov. 1897, Mitth. H. 35 S. 5.

3l) Bei der Berechnung des Einkommens der königlichen Forstbeamten ist nicht nur die baare Besoldung, sondern auch der Geldwerth der sämmtlichen Naturalbezüge anzusetzen. Das Einkommen aus den Dienstländereien ist nicht etwa analog demjenigen aus Dienstwohnungen nach Anm. 8a zu diesem Paragraphen zu berechnen, weil für Ueberlassung der Dienstländereien nicht ein Abzug an der etatsmäßigen Besoldung stattfindet, sondern rücksichtlich derselben ein der Pachtung ähnliches Verhältniß obwaltet. Nur derjenige Theil der Nutzungen aus den Dienstländereien, der zur Unterhaltung des Dienstfuhrwerks oder zur Bestreitung der Kosten für dasselbe verbraucht wird, bleibt steuerfrei. Zu vgl. FME. v. 4. Dez. 1891, Mitth. H. 25 S. 5. Siehe auch Entsch. d. OVG. v. 5. Febr. 1894, Entsch. i. St. Bd. II S. 402 u. v. 18. März 1898, Entsch. i. St. Bd. VI S. 342.

3m) Die Schreibgebühren des Gerichtsvollziehers sind steuerpflichtig, nicht dagegen der ihm aus der Staatskasse gewährte Reisekostenzuschuß. Entsch. d. OVG. v. 2. Okt. 1894, Entsch. i. St. Bd. III S. 189.

4) Siehe Entsch. d. OVG. v. 6. März 1893, Entsch. i. St. Bd. I S. 238.

5) FME. v. 4. Sept. 1858 — III. 19845 —. Auszug. Die Seitens der Universitätslehrer gestundeten Kollegienhonorare dürfen bei der Veranlagung zur Einkommensteuer nicht außer Betracht bleiben.

6) Einmalige Zuwendungen dieser Art werden dem steuerpflichtigen Einkommen nicht hinzugerechnet. Daher sind die den Hinterbliebenen von Reichs- und Staatsbeamten und Pensionären zustehenden Bezüge des Gnadenquartals bezw. des Gnadenmonats bei der Veranlagung der Hinterbliebenen außer Ansatz zu lassen. Dasselbe gilt bezüglich der den Hinterbliebenen der mittelbaren Staatsbeamten, Lehrer und Geistlichen zustehenden Gnadenbezüge, soweit die Dauer dieser Bezüge nicht im einzelnen Falle die für die Hinterbliebenen der unmittelbaren Staatsbeamten maßgebende Gnadenzeit übersteigt. Art. 23 Ziffer 1 d. A. Zu beachten über die Besteuerung der Bezüge von Hinterbliebenen unmittelbarer und mittelbarer Beamten die ministeriellen Vorschriften v. 17. Dez. 1897 und v. 21. Jan. 1898, Mitth.H. 35 S. 6 u. 8.

7a) Nur solche fortlaufende Hebungen gelten als steuerpflichtiges Einkommen, welche auf einem besonderen Rechtstitel (z. B. Vertrag, Verschreibung, letztwillige Verfügung, rechtsgültige Verleihung von zuständiger Stelle) beruhen. Unterstützungen und andere Zuwendungen, deren Entrichtung überhaupt oder deren Betrag von dem freien Willen des Gebers abhängt, sind, auch wenn dieselben sich thatsächlich wiederholen, zur Anrechnung nicht geeignet. Vgl. Entsch. d. OVG. v. 12. Dez. 1892, Entsch. i. St. Bd. I S. 74 u. v. 7. Nov. 1892, Entsch. i. St. Bd. I S. 34. Dasselbe gilt von Leistungen — z. B. der

Eltern an ihre Kinder — welche auf der gesetzlichen Unterhaltungspflicht beruhen, auch wenn dieselben vertragsmäßig anerkannt, oder richterlich festgestellt sind. Vgl. Anm. 7d ff. zu § 9 d. Ges.

7b) Ein mehrere Jahre hindurch gewährtes staatliches Privatdocenten-Stipendium ist als Einkommen aus einem Rechte auf periodische Hebung steuerpflichtig. Entsch. d. OVG. v. 8. Juli 1897, Entsch. i. St. Bd. VI S. 158.

8a) Der § 15 Abs. 2 des Ges. bezieht sich nur auf die Fälle, in welchen ein Beamter eine freie Dienstwohnung inne hat. Entrichtet der Beamte — sei es durch einen Abzug an der Besoldung, sei es durch den Verlust des ihm zustehenden Wohnungsgeldzuschusses — dafür eine Vergütung, so ist nicht der Werth der Wohnung, wohl aber der volle Betrag des gesetzlichen Wohnungsgeldzuschusses dem steuerpflichtigen Einkommen hinzuzurechnen und zwar ohne Rücksicht darauf, ob die Wohnung mehr oder weniger werth ist als der Wohnungsgeldzuschuß. Entsch. d. OVG. v. 16. Jan. 1893, Entsch. i. St. Bd. I S. 111.

8b) Nach der bei 8a citirten Entscheidung des OVG. ist auch den Regierungs-Präsidenten die in natura gewährte Dienstwohnung nur mit dem Betrage des tarifmäßigen Wohnungsgeldzuschusses anzurechnen. Wird statt der Dienstwohnung einem Regierungs-Präsidenten eine Miethsentschädigung gewährt, so ist der den tarifmäßigen Wohnungsgeldzuschuß des betr. Ortes übersteigende Betrag der Miethsentschädigung als Dienstaufwandsentschädigung anzusehen und steuerfrei zu lassen. Zu vgl. FME. v. 8. Febr. 1897, Mitth. H. 34 S. 4.

9a) Als Dienstaufwand gelten insbesondere: Die Zulagen der Kreisschulinspektoren im Nebenamte, ferner der Regiments- und Bataillons-Adjutanten, der Etappeninspekteurs, der Kompagnieführer der Landwehr, der untersuchungsführenden Offiziere, der Hauptleute und Leutenants beim Eisenbahn-Regiment, der zur Dienstleistung beim großen Generalstabe kommandirten Offiziere, der diensthuenden Flügeladjutanten Sr. Maj. des Königs und der persönlichen Adjutanten J. Kgl. Hoheiten der Prinzen; die Diäten der Militärattachés bei den Botschaften und bei den Gesandtschaften. M.A. 18 zu Art. 22 d. A. Der gemäß Kap. 25 Tit. 5 des Reichsmilitäretats an sämmtliche Bezirks-Kommandeure zahlbare Zuschuß zur Pension ist zur Hälfte als Dienstaufwandsentschädigung, zur andern Hälfte als Besoldung anzusehen. Verf. d. FM. v. 28. Aug. 1896, Mitth.H. 34 S. 3.

Die Zulagen, welche an die den Generalkommandos zugetheilten inaktiven Offiziere gezahlt werden, sind zur einen Hälfte als Dienstaufwandsentschädigung, zur andern als Besoldung anzusehen. FME. v. 19. Jan. 1898, Mitth.H. 35 S. 3.

Die Zulagen der bei den Kadettenkorps kommandierten Offiziere sind dagegen im vollen Betrage als Besoldung anzusehen. FME. v. 28. März 1898, Mitth. H. 35 S. 3.

Zulagen der Kommandanten von Truppen-Uebungsplätzen aus Kap. 20 I des Reichsmilitäretats sind zur Hälfte Besoldung, zur anderen Dienstaufwandsentschädigung. FME. v. 15. April 1898, Mitth.H. 35 S. 3.

Die den Bezirksoffizieren bei den Landwehr-Bezirks-Kommandos neben ihrer Pension, dem Servis- und Wohnungsgeldzuschuß gewährten Zulagen sind zur Hälfte als Besoldung, zur anderen Hälfte als Dienstaufwandsentschädigung anzusehen. FME. v. 14. Juni 1895, Mitth. H. 33 S. 3.

9 b) Die einem Offizier anstatt eines Burschen etatsmäßig in Geld gewährte Burschenzulage unterliegt nicht der Steuerpflicht; aber für Auszahlungen und Leistungen an den Burschen darf ein Offizier über den Burschenservis hinaus nichts in Abzug bringen. Entsch. d. OVG. v. 16. Okt. 1893, Entsch. i. St. Bd. II S. 138.

9c) Der einem Marine-Offizier bestimmungsmäßig zustehende Serviszuschuß ist für die Zeit, während welcher er wegen eines Kommandos an Bord nicht gewährt wird, als Theil des steuerpflichtigen Einkommens nicht anzusehen. Entsch. d. OVG. v. 16. Okt. 1893, Entsch. i. St. Bd. II S. 143.

9d) Offizier-Tischgelder sind im Sinne der Steuergesetzgebung als Dienstaufwandsentschädigung nicht anzusehen und daher in vollem Umfange steuerpflichtig. FME. v. 29. Mai 1896, Mitth.H. 34 S. 3.

9e) Die den Zahlmeistern als Mitgliedern der Bekleidungskommissionen gewährten Zulagen sind nicht als Dienstaufwand gewährt und daher in vollem Umfange steuerpflichtig. FME. v. 13. Mai 1896, Mitth.H. 34 S. 3.

9f) Uebungsgelder der Reserve-Offiziere sind nicht als Dienstaufwand aufzufassen, sondern gleich Kompetenzen aktiver Offiziere als steuerpflichtiges Einkommen anzurechnen. FME. v. 4. Okt. 1897, Mitth.H. 35 S. 5.

9g) Einnahmen der Katasterkontroleure aus Nebenbeschäftigungen gelten als Entschädigung für Dienstaufwand. FME. v. 4. Jan. 1888 II 15343 und Entsch. d. OVG. v. 12. Febr. 1897, Entsch. i. St. Bd. V S. 344.

9h) Eine persönliche, nicht pensionsberechtigte Zulage, welche dem Bürgermeister einer Stadt „unter Anerkennung seiner bisherigen Thätigkeit als Beitrag zu den im Interesse der Stadt gebotenen Repräsentationskosten" bewilligt worden war, hat das OVG. für steuerpflichtig angesehen. Entsch. v. 29. Juni 1897, Entsch. i. St. Bd. VI S. 156.

9i) Als Dienstaufwandsentschädigung gelten die Kleidergelder der Grenz- und Steueraufseher. Entsch. d. OVG. v. 25. Okt. 1895.

9k) Das Einkommen eines Landraths als Kreis-Feuersozietätsdirektor der Pommerschen Feuersozietät ist auf Grund des Reglements der Pommerschen Feuersozietät vom OVG. als Dienstaufwandsentschädigung angesehen worden. Entsch. v. 30. März 1897, Entsch. i. St. Bd. V S. 372.

9l) Um einen Theil des Pfarreinkommens als zur Bestreitung des Dienstaufwandes bestimmt erscheinen zu lassen, genügt es, daß bei Besetzung dieser Pfarrstelle die betheiligten Organe bezw. Personen, wenn auch nur stillschweigend, darüber einig waren, daß, anstatt eines jeweiligen besonderen Ersatzes der Dienstaufwandskosten, eine in ihrem Betrage nicht weiter festgestellte Entschädigung in dem ungetheilten Diensteinkommen inbegriffen sei. Entsch. d. OVG. v. 9. März 1893, Entsch. i. St. Bd. I S. 254. Zu vgl. auch Entsch. d. OVG. v. 17. Febr. 1894, Entsch. i. St. Bd. II S. 427.

9m) Reisekostenvergütungen und solche Tagegelder, welche an Militärpersonen oder Beamte für Dienstreisen und für die Dauer ihrer vorübergehenden Beschäftigung außerhalb ihres Wohnortes gewährt werden, sind als Entschädigung für Dienstaufwand steuerfrei, auch wenn sie für den bestimmten Zweck nicht gänzlich verbraucht werden. Dies gilt auch von den Diäten der Mitglieder des Abgeordnetenhauses und anderer Körperschaften, sowie der Mitglieder der Gebäude-, Gewerbe- und Einkommensteuer-Kommissionen. Art. 22 Ziffer 4b, c d. A.

9n) Die dem Lokomotiv- und Fahrpersonal der Eisenbahnen bei Ausübung des Fahrdienstes gewährten Fahr-, Meilen- und Uebernachtungsgelder, ferner die den Lokomotivführern und Heizern für Nachtfahrten, den Schaffnern für längeren Aufenthalt bewilligten Vergütungen sind als Dienstaufwandsentschädigungen zu betrachten und steuerfrei. Prämien für ersparten Coaks, Oel u. s. w., welche den Lokomotivführern, Heizern u. s. w. gewährt werden, sind dagegen steuerpflichtig. M.A. 19 zu Art. 22 d. A.

9o) Bezüge, welche an Privatbeamte gegeben werden, nicht zu ihrem persönlichen Verbrauch, sondern zur Bestreitung bestimmter, mit ihren vertragsmäßigen Verrichtungen verbundener Unkosten, bilden kein Reineinkommen und sind dem steuerpflichtigen Einkommen nicht zuzurechnen. Die Privatbeamten haben auf Erfordern den Nachweis zu liefern, daß die in bestimmter Höhe gewährte Dienstaufwandsentschädigung in der That in ihrem vollen Betrage für die mit ihren dienstlichen Verrichtungen verbundenen Ausgaben Verwendung findet. Art. 22 Ziffer 2 d. A. Siehe auch Entsch. d. OVG. v. 17. Nov. 1896, Entsch. i. St. Bd. V S. 249.

e. Einkommen der Aktiengesellschaften rc.

§ 16.

Als steuerpflichtiges Einkommen der im §. 1 Nr. 4 und 5 bezeichneten Steuerpflichtigen[1]) gelten unbeschadet der Vorschrift im §. 6 Nr. 1 die Ueberschüsse,[2]) welche als Aktienzinsen oder Dividenden,[3]) gleichviel unter welcher Benennung, unter die Mitglieder vertheilt werden,[4]) und zwar

unter Hinzurechnung der zur Tilgung der Schulden[5]) oder des Grundkapitals,[6]) zur Verbesserung oder Geschäftserweiterung,[7]) sowie zur Bildung von Reservefonds[8]) — soweit solche nicht bei den Versicherungsgesellschaften zur Rücklage für die Versicherungssummen bestimmt sind[9]) — verwendeten Beträge,[10])

jedoch nach Abzug von $3\frac{1}{2}$ Prozent des eingezahlten Aktienkapitals.[11]) An Stelle des letzteren tritt bei eingetragenen Genossenschaften die Summe der eingezahlten Geschäftsantheile der Mitglieder, bei Berggewerkschaften das aus dem Erwerbspreise und den Kosten der Anlage und Einrichtung beziehungsweise Erweiterung des Bergwerks sich zusammensetzende Grundkapital oder, soweit diese Kosten vor dem 1. April 1892 aufgewendet sind, nach Wahl[12]) der Pflichtigen der zwanzigfache Betrag der im Durchschnitt der letzten vier[13]) Jahre vor dem Inkrafttreten dieses Gesetzes vertheilten[14]) Ausbeute.

Im Falle des §. 2b gilt als steuerpflichtiges Einkommen derjenige Theil der vorbezeichneten Ueberschüsse, welcher auf den Geschäftsbetrieb in Preußen beziehungsweise auf das Einkommen aus Preußischem Grundbesitz entfällt.

Der Kommunalbesteuerung ist das ermittelte Einkommen ohne den Abzug von 3½ Prozent zu Grunde zu legen.

1) Zu vgl. Art. 27 d. A.

2a) Voraussetzung der Veranlagung einer Aktiengesellschaft ist das Vorhandensein eines Ueberschüsse ergebenden Abschlusses für eine Geschäftsperiode, in der die Aktiengesellschaft bestanden hat. Entsch. d. OVG. v. 13. März 1893, Entsch. i. St. Bd. I S. 264. Das steuerpflichtige Einkommen nicht-physischer Personen ist niemals nach dem muthmaßlichen Jahresbetrage in Ansatz zu bringen. Entsch. d. OVG. v. 13. Juni 1895, Entsch. i. St. Bd. IV S. 74. Art. 27 Ziffer 3 d. A. Siehe auch Entsch. d. OVG. v. 25. Juni 1897, Entsch. i. St. Bd. VI S. 216. Bei einer Aktiengesellschaft kann vor Deckung eines etwa eingetretenen Verlustes von einem

Gewinn keine Rede sein. Ein Unterschied zwischen Kapital- und sonstigen Verlusten besteht in dieser Hinsicht nicht. Entsch. d. OVG. v. 6. März 1892, Entsch. i. St. Bd. I S. 241.

2b) Ob Zuschüsse eines Dritten in die Kasse einer Aktiengesellschaft steuerpflichtig sind, hängt von dem Rechtsverhältnisse ab, durch welches die Zuschüsse veranlaßt sind. Entsch. d. OVG. v. 10. April 1893, Entsch. i. St. Bd. I S. 343 u. v. 23. Okt. 1894, Entsch. i. St. Bd. III S. 104.

2c) Behufs Ermittelung des steuerpflichtigen Einkommens einer Kommanditgesellschaft auf Aktien kommen auch diejenigen Ueberschüsse in Anrechnung, welche vertragsmäßig auf die persönlich haftenden Gesellschafter als Remuneration für ihre Mühewaltung vertheilt werden. Entsch. d. OVG. v. 14. Febr. 1893, Entsch. i. St. Bd. I S. 175.

2d) Der von einer Aktiengesellschaft oder Kommanditgesellschaft auf Aktien durch Ausgabe neuer Aktien zu einem den Nominalwerth übersteigenden Kurse erzielte sog. Agiogewinn bildet einen Theil des steuerpflichtigen Einkommens. Entsch. d. OVG. v. 27. März 1893, Entsch. i. St. Bd. I S. 292 u. v. 6. Dez. 1895, Entsch. i. St. Bd. IV S. 225.

2e) Das aus der Begebung neuer Schuldtitel (Obligationen) entstehende Agio oder Disagio vermehrt oder vermindert die Ueberschüsse. Entsch. d. OVG. v. 5. Juli 1895, Entsch. i. St. Bd. IV S. 236.

2f) Der durch Umwandlung von Stammaktien in Prioritätsaktien seitens einer Aktiengesellschaft erzielte Gewinn ist den „Ueberschüssen" der betr. Geschäftsperiode beizuzählen, vorbehaltlich der Feststellung, inwieweit er eine die Besteuerung bedingende Verwendung gefunden hat. Entsch. d. OVG. v. 8. März 1895, Entsch. i. St. Bd. IV S. 13.

2g) Ueber die Zurechnung der den Aktionären einer Zuckerfabrik-Aktiengesellschaft für die Rübenlieferung in baar oder in Abgängen (Rübenköpfe, Schnitzel, Schwänze) gewährten Vergütungen zu den Ueberschüssen siehe Entsch. d. OVG. v. 6. Dez. 1895, Entsch. i. St. Bd. IV S. 217. Diese modifizirt die früher diesbezüglich ergangenen Entscheidungen, vgl. Mitth.H. 29 S. 69. Ueber die Bestimmung des „Marktpreises" der gelieferten Rüben vgl. Entsch. d. OVG. v. 24. Febr. 1895, Entsch. i. St. Bd. IV S. 279.

2h) Entnahmen aus dem Extrareservefonds zur Deckung für Kursverluste an dem Effektenbesitz sind nicht zum steuerpflichtigen Einkommen der Aktiengesellschaften zu rechnen. Entsch. d. OVG. v. 28. Febr. 1893, Entsch. i. St. Bd. I S. 210.

2i) Der § 8 des Einkommensteuerges. findet bei Beantwortung der Frage, was zu den Ueberschüssen einer Aktiengesellschaft 2c. gehört, keine Anwendung. Entsch. d. OVG. v. 23. Nov. 1893, Entsch. i. St. Bd. II S. 325.

3) Ueber den wirthschaftlichen Begriff der Dividenden als „verhältnißmäßige Antheile am Reingewinn, welche den Mitgliedern einschließlich der persönlich haftenden Gesellschafter einer Kommanditgesellschaft auf Aktien zufließen", vgl. Entsch. d. OVG. v. 15. Febr. 1895, Entsch. i. St. Bd. IV S. 6.

4a) Als steuerpflichtiges Einkommen der Aktiengesellschaften 2c. gelten nicht alle Ueberschüsse schlechthin, sondern nur solche, welche vertheilt oder zu einem der im Gesetze speziell angegebenen Zwecke verwendet sind. Die zur Tilgung einer Unterbilanz aus Vorjahren dienenden Beträge sind z. B. dem Einkommen nicht hinzuzurechnen. Ebenso nicht die zu wohlthätigen, gemeinnützigen Zwecken 2c. verausgaben Beträge. Entsch. d. OVG. v. 27. März 1893, Entsch. i. St. Bd. I S. 288.

4b) Ob die Dividende baar ausgezahlt oder dem Geschäftsguthaben zugeschrieben ist, macht keinen Unterschied. Art. 27 Ia d. A.

4c) Die Tantiemen, welche Direktoren oder Aufsichtsräthe für ihre Thätigkeit in Wahrnehmung der Geschäfte der Gesellschaft beziehen, sind als Besoldung anzusehen, welche die Aktiengesellschaften bei der Berechnung ihres steuerpflichtigen Reineinkommens als Geschäftsunkosten berechnen und daher in Abzug bringen können. Art. 27 Ia d. A.

5a) Die zur Tilgung von Schulden verwendeten Beträge sind dem steuerpflichtigen Einkommen nur hinzuzurechnen, wenn diese Beträge den Ueberschüssen entnommen sind. Entsch. d. OVG. v. 27. Febr. 1893, Entsch. i. St. Bd. I S. 206. Siehe auch Entsch. d. OVG. v. 23. Nov. 1893, Entsch. i. St. Bd. II S. 331.

5b) Bei solchen, in den Bilanzen einer Aktiengesellschaft gebuchten Anleihebeträgen, die ausgeloost und fällig geworden, aber nicht abgehoben sind, liegt eine Verwendung zur Schuldentilgung nicht vor. Entsch. d. OVG. v. 17. Febr. 1894, Entsch. i. St. Bd. II S. 430.

6) Wegen Steuerpflichtigkeit der zur Tilgung des Grundkapitals verwendeten Ueberschüsse vgl. Entsch. d. OVG. v. 13. März 1893, Entsch. i. St. Bd. I S. 266.

7) Als zur Verbesserung oder Geschäftserweiterung verwendet gelten diejenigen Ausgaben, welche weder zur Deckung von laufenden Betriebsunkosten, noch zur Erhaltung und Fortführung des Betriebes in dem bisherigen Umfange dienen, sondern mit welchen Einrichtungen oder Anlagen zur Erzielung eines höheren Ertrages oder zur Ausdehnung des Betriebsumfanges bestritten werden. Art. 27 Ziffer 1 d. A. Siehe Entsch. d. OVG. v. 23. Nov. 1893, Entsch. i. St. Bd. II S. 331.

8a) Beträge, welche aus den Ueberschüssen zurückbehalten werden, um etwaige künftige Verluste zu decken, denen das bei Kommanditen betheiligte Kapital der

Aktiengesellschaft möglicher Weise ausgesetzt ist, gelten als Reservefonds. Entsch. d. OVG. v. 27. Febr. 1893, Entsch. i. St. Bd. I S. 200. Siehe auch Entsch. d. OVG. v. 6. März 1893, Entsch. i. St. Bd. I S. 241, v. 10. Juni 1893, Entsch. i. St. Bd. II S. 49 u. v. 25. Okt. 1893, Entsch. i. St. Bd. II S. 276.

8b) Ueberschüsse, welche zu einem „Fonds für Pensionszwecke" bereit gestellt werden, sind nicht steuerfrei, es sei denn, daß ein der Aktiengesellschaft als besonderes Rechtssubjekt gegenüberstehender Fonds in Frage kommt. Entsch. d. OVG. v. 28. April 1894, Entsch. i. St. Bd. III S. 28. Siehe auch Entsch. d. OVG. v. 29. Mai 1897, Entsch. i. St. Bd. VI S. 189 u. v. 12. März 1897, Entsch. i. St. Bd. V S. 359.

8c) Dem Reservefonds stehen diejenigen Beträge gleich, welche aus den Ueberschüssen zu außerordentlichen, über das Maß der regelmäßigen Abschreibungen hinausgehenden Absetzungen verwendet werden. Art. 27 Ziffer 1 d. A. Siehe auch Entsch. d. OVG. v. 20. März 1893, Entsch. i. St. Bd. I S. 285, v. 31. Mai 1893, Entsch. i. St. Bd. II S. 36, v. 10. Juni 1893, Entsch. i. St. Bd. II S. 49, v. 27. Sept. 1893, Entsch. i. St. Bd. II S. 194.

8d) Hat die Eintragung von Beträgen auf einen Erneuerungsfonds die Bedeutung, eine gleich hohe (an sich zulässige) Abschreibung auf Grundstücke u. s. w. der Gesellschaft zu bewirken, so ist die diesem Fonds überwiesene Summe nicht steuerpflichtig. Entsch. d. OVG. v. 11. Okt. 1893.

9) Eine Anfrage eines Kommissions-Mitgliedes, ob unter den nach Abs. 2 von der Besteuerung freigelassenen Beiträgen zu den Reservefonds der Lebensversicherungsgesellschaften sowohl die Rücklagen in den Prämienreservefonds, als auch diejenigen in die sog. Gewinn- oder Dividendenreservefonds der Versicherten zu verstehen

seien, wurde von dem Herrn Finanzminister bejahend beantwortet. Siehe auch Art. 27 d. A.

10a) Ueber die Zulässigkeit von Abzügen auf Substanzverminderung bei Berggewerkschaften siehe Entsch. d. OVG. v. 4. April 1893, Entsch. i. St. Bd. I S. 331 u. 338, v. 27. Sept. 1893, Entsch. i. St. Bd. II S. 200. Ueber die anzuwendende Berechnung vgl. Entsch. d. OVG. v. 19. Dez. 1888, Entsch. Bd. XVII S. 128.

10b) Eine in der Bilanz enthaltene Abschreibung darf nicht deshalb verworfen werden, weil sie bei der Inventuraufnahme noch nicht berücksichtigt ist. Die rechtsgültige Aufstellung der Bilanz erfolgt durch die Genehmigung der Generalversammlung. Entsch. d. OVG. v. 27. Febr. 1893, Entsch. i. St. Bd. I S. 196.

11a) Der Abzug von $3^1/_2$% wird nur von dem eingezahlten, aber nicht von dem uneingeforderten Theile des Grundkapitals berechnet, mögen dafür auch Verbindlichkeitsdokumente, Wechsel rc. hinterlegt sein. Entsch. d. OVG. v. 17. April 1893, Entsch. i. St. Bd. I S. 311.

11b) Der amortisirte Theil des Grundkapitals scheidet bei der Berechnung des Abzugs von $3^1/_2$% aus, auch wenn den Inhabern der zurückgezahlten Aktien sog. Genußscheine mit Anrecht auf Superdividenden ertheilt sind. Entsch. d. OVG. v. 30. Jan. 1893, Entsch. i. St. Bd. I S. 148.

11c) Bei Berechnung des Abzugs von $3^1/_2$% ist das im Laufe des Geschäftsjahres erhöhte Aktienkapital nicht nur pro rata temporis, sondern mit dem vollen eingezahlten Betrage zu berücksichtigen, auch wenn dasselbe ein Anrecht auf Dividende noch nicht gewährt. Entsch. d. OVG. v. 16. Jan. 1893, Entsch. i. St. Bd. I S. 99.

11d) Wenn in einem für die Durchschnittsberechnung maßgebenden Jahre ein den vollen Abzug der $3^1/_2$% ermöglichender Ueberschuß nicht vorhanden ist, in einem andern dagegen der erzielte Ueberschuß die $3^1/_2$ % übersteigt, so kommt bei Ziehung des Durchschnitts der Fehlbetrag des ersteren Jahres in Abzug. Entsch. d. OVG. v. 28. Febr. 1893, Entsch. i. St. Bd. I S. 215 und Entsch. d. OVG. v. 27. Sept. 1893, Entsch. i. St. Bd. II S. 187.

12a) Will oder kann eine Gewerkschaft keinen der ihr zur Feststellung des Grundkapitals gesetzlich gegebenen Wege gehen, so entscheidet über die Höhe des Abzugs von $3^1/_2$ % das Ermessen der Veranlagungsbehörden. Entsch. d. OVG. v. 27. Mai 1893, Entsch. i. St. Bd. II S. 11.

12b) Den Berggewerkschaften steht bei jeder Veranlagung von Neuem das Recht zu, die Feststellung des Grundkapitals behufs Bemessung des Abzugs von $3^1/_2$ % auf einem der beiden im Gesetz vorgesehenen Wege nach ihrem Belieben, also auch abweichend von der im Vorjahre getroffenen Wahl, zu beanspruchen. Entsch. d. OVG. v. 29. Febr. 1896, Entsch. i. St. Bd. V S. 57.

12c) Berggewerkschaften, welche vor Inkrafttreten des Einkommensteuergesetzes am 30. Juli 1891 noch nicht bestanden, haben hinsichtlich der Berechnung des Grundkapitals kein Wahlrecht, sondern müssen dasselbe lediglich nach dem Erwerbspreise und den Kosten der Anlage und Einrichtung bezw. Erweiterung des Bergwerks berechnen. Entsch. d. OVG. v. 11. Juli 1895, Entsch. i. St. Bd. IV S. 82.

12d) Macht eine Berggewerkschaft von dem Wahlrecht Gebrauch, so ist nur die thatsächlich erzielte Ausbeute zu berücksichtigen. Neben dem Zwanzigfachen der vertheilten Ausbeute kommt der Erwerbspreis nicht zur Anrechnung. Entsch. d. OVG. v. 15. Dez. 1892, Entsch. i. St. Bd. I S. 79.

12e) Bei Berechnung des Grundkapitals einer Berggewerkschaft aus dem Erwerbspreise und den Kosten der

Anlage ꝛc. scheidet der Erwerbspreis als Rechnungsfaktor aus, wenn ein solcher nicht vorhanden oder nicht erweislich ist. Statt mit dem Erwerbspreise, d. i. den von der Gewerkschaft für den Erwerb des Bergwerks aufgewendeten Kosten, mit dem Ankaufspreise der von den Gewerken erworbenen Kuxe zu rechnen, ist unzulässig, selbst wenn sämmtliche Kuxe zugleich veräußert sind. Entsch. d. OVG. v. 17. Febr. 1894, Entsch. i. St. Bd. III S. 4.

12f) Hat eine Berggewerkschaft keinen Erwerbspreis gezahlt und keine Anlagekosten verwendet, so hat sie kein Grundkapital. Zu vgl. Entsch. d. OVG. v. 10. Juli 1897, Entsch. i. St. Bd. VI S. 182.

12g) Ueber Grundsätze für die Feststellung des aus dem Erwerbspreise und den Kosten der Anlage und Einrichtung bezw. Erweiterung des Bergwerks sich zusammensetzenden Grundkapitals zu vgl. Entsch. d. OVG. v. 11. Juli 1895, Entsch. i. St. Bd. IV S. 86.

12h) Ueber Berechnung des Grundkapitals nach dem zwanzigfachen Betrage der in den letzten vier Jahren vor dem Inkrafttreten des Einkommensteuergesetzes vertheilten Ausbeute zu vgl. Entsch. d. OVG. v. 11. Juli 1895, Entsch. i. St. Bd. IV S. 95.

13) Das sind diejenigen vier vor dem 20. Juli 1891 liegenden Wirthschaftsjahre, welche zur Zeit der Steuererklärung in ihren Ergebnissen festgestellt werden konnten. Entsch. d. OVG. v. 28. Febr. 1893, Entsch. i. St. Bd. I S. 221.

14) Bei Berechnung des Grundkapitals der Berggewerkschaften nach Maßgabe der Ausbeute kommt es nur auf die thatsächlich vertheilte Ausbeute an, ohne daß davon eine Absetzung für Substanzverminderung stattfindet. Entsch. d. OVG. v. 4. April 1893, Entsch. i. St. Bd. I S. 338.

II. Steuersätze.

1. Steuertarif.

§ 17.

Die Einkommensteuer beträgt jährlich bei einem Einkommen

von mehr als: Mark	bis einschließlich: Mark	Mark
900	1 050	6
1 050	1 200	9
1 200	1 350	12
1 350	1 500	16
1 500	1 650	21
1 650	1 800	26
1 800	2 100	31
2 100	2 400	36
2 400	2 700	44
2 700	3 000	52
3 000	3 300	60
3 300	3 600	70
3 600	3 900	80
3 900	4 200	92
4 200	4 500	104
4 500	5 000	118
5 000	5 500	132
5 500	6 000	146
6 000	6 500	160
6 500	7 000	176
7 000	7 500	192

von mehr als: Mark	bis einschließlich: Mark	Mark
7 500	8 000	212
8 000	8 500	232
8 500	9 000	252
9 000	9 500	276
9 500	10 500	300

Sie steigt bei höheren Einkommen

von mehr als Mark	bis einschließlich Mark	in Stufen von Mark	um je Mark
10 500	30 500	1 000	30
30 500	32 000	1 500	60
32 000	78 000	2 000	80
78 000	100 000	2 000	100

Bei Einkommen von mehr als 100 000 Mark bis einschließlich 105 000 Mark beträgt die Steuer 4 000 Mark und steigt bei höheren Einkommen in Stufen von 5 000 Mark um je 200 Mark.

2. Ermäßigung der Steuersätze.[1])

§ 18.

Für jedes, nicht nach §. 11 selbständig zu veranlagende Familienglied[2]) unter 14 Jahren wird von dem steuerpflichtigen Einkommen des Haushaltungsvorstandes, sofern dasselbe den Betrag von 3000 Mark nicht übersteigt, der Betrag von 50 Mark in Abzug gebracht, mit der Maßgabe, daß bei Vor-

handensein von drei oder mehr Familienmitgliedern dieser Art auf jeden Fall[3]) eine Ermäßigung um eine Stufe stattfindet.

1a) Vgl. Art. 44 d. A.

1b) § 18 ist nicht anwendbar auf die nur aus § 2 des Ges. Steuerpflichtigen, siehe Anm. 1a zu § 2.

2a) Im Sinne des § 18 gehört ein in der Haushaltung des Großvaters lebender Enkel zu den Mitgliedern der Familie des Großvaters. Entsch. d. OVG. v. 15. Febr. 1894, Entsch. i. St. Bd. II S. 425.

2b) Zu den Familiengliedern gehören nicht die Kinder des Steuerpflichtigen, welche in Folge Ehescheidung der früheren Ehefrau überwiesen, aber vom Steuerpflichtigen zu unterhalten sind. Entsch. d. OVG. v. 24. Mai 1897, Entsch. i. St. Bd. VI S. 115.

3) Die Worte: „auf jeden Fall" sollen gleichbedeutend sein mit „zum mindesten". (Sitz. d. H. d. Abg. v. 17. Febr. 1891.) Vgl. Art. 44 d. A.

§ 19.

Bei der Veranlagung ist es gestattet,[1]) besondere, die Leistungsfähigkeit der Steuerpflichtigen wesentlich beeinträchtigende[2]) wirthschaftliche Verhältnisse in der Art zu berücksichtigen, daß bei einem steuerpflichtigen Einkommen von nicht mehr als 9500 Mark eine Ermäßigung der im §. 17 vorgeschriebenen Steuersätze um höchstens drei Stufen gewährt wird.

Als Verhältnisse dieser Art kommen lediglich[3]) außergewöhnliche Belastungen durch Unterhalt und Erziehung der Kinder,[4]) Verpflichtung zum Unterhalte mittelloser Angehöriger,[5]) andauernde Krank-

heit, Verschuldung und besondere Unglücksfälle in Betracht.[6])

1a) Zu vgl. Art. 45 Ziffer 3 d. A.

1b) § 19 ist nicht anwendbar auf die nur aus § 2 des Ges. Steuerpflichtigen, siehe Anm. 1a zu § 2.

1c) Die Versagung oder Gewährung der Wohlthat aus § 19 ist nicht etwa in das willkürliche Ermessen der Veranlagungskommission gestellt. Wenn die Voraussetzungen des § 19 als vorliegend anerkannt werden, muß die Ermäßigung ausgesprochen werden. Und ob diese Voraussetzungen vorliegen, das muß von der Veranlagungskommission geprüft werden, sobald der Steuerpflichtige diesbezügliche Angaben macht. Die Versagung der Anwendung des § 19 ist im Wege der Berufung anfechtbar. — Die Berufungsentscheidung muß darlegen, ob und wie die Behauptung eines die Anwendung des § 19 rechtfertigenden Thatbestandes gewürdigt ist. Entsch. d. OVG. v. 26. Sept. 1892, Entsch. i. St. Bd. I S. 3. Die Beurtheilung der für die Anwendung des § 19 des Ges. vorliegenden thatsächlichen Unterlagen unterliegt der Nachprüfung in der Beschwerdeinstanz nicht. Entsch. d. OVG. v. 27. Okt. 1892, Entsch. i. St. Bd. I S. 24.

1d) Ereignisse, die zwischen der Steuererklärung und dem Beginne des Steuerjahres eintreten und als die Leistungsfähigkeit des Steuerpflichtigen in wirthschaftlicher Beziehung beeinträchtigend angeführt sind, müssen in der Berufungsentscheidung gewürdigt werden. Entsch. d. OVG. v. 21. Sept. 1894, Entsch. i. St. Bd. III S. 90.

1e) Die nach den objektiven Verhältnissen des Steuerpflichtigen an sich gerechtfertigte Anwendung des § 19 des Einkommensteuergesetzes kann durch anderem Gebiete angehörige Erwägungen nicht beseitigt werden, so auch nicht durch die, daß eine für die Veranlagung wesentliche

Thatsache mit Unrecht verschwiegen ist. Entsch. d. OVG. v. 29. Nov. 1893, Entsch. i. St. Bd. II S. 337.

2) Eine Beeinträchtigung der Leistungsfähigkeit kann nicht nur bei dem Arbeitseinkommen, sondern bei jeder Art von Einkommen eintreten. Entsch. d. OVG. v. 2. Jan. 1893, Entsch. i. St. Bd. I S. 89.

3) Verhältnisse anderer Art begründen eine Berücksichtigung niemals. Art. 45 Ziffer 3 d. A.

4) Auch von angenommenen Kindern wie von Stief- und Pflegekindern. Zu vgl. Entsch. d. OVG. v. 6. Dez. 1897, Entsch. i. St. Bd. VI S. 282.

5) Die Verpflichtung zum Unterhalt mittelloser Angehöriger bezieht sich nicht nur auf die Unterhaltung solcher Angehöriger, zu deren Unterhaltung der Steuerzahler gesetzlich verpflichtet ist, und der Ausdruck „andauernde Krankheit" erstreckt sich nicht nur auf die Krankheit des Censiten, sondern auch auf die Krankheitsfälle seiner Angehörigen. Art. 45 Ziffer 3 „zu b und c" d. A.

6) Der Anwendung des § 19 steht nicht schon der Umstand entgegen, daß die die Leistungsfähigkeit beeinträchtigenden wirthschaftlichen Verhältnisse ohne den freien Willen des Steuerpflichtigen nicht vorliegen würden. Entsch. d. OVG. v. 4. Mai 1893, Entsch. i. St. Bd. I S. 376. Siehe auch Entsch. d. OVG. v. 22. Jan. 1895, Entsch. i. St. Bd. IV S. 101.

III. Veranlagung.

1. Ort der Veranlagung.

§ 20.[1])

Die Veranlagung erfolgt in der Regel an dem Orte, wo der Steuerpflichtige zur Zeit der Aufnahme des Personenstandes (§. 21) seinen Wohnsitz[2]) oder in Ermangelung eines solchen seinen Aufenthalt hat.

Im Falle eines mehrfachen[3]) Wohnsitzes steht dem Steuerpflichtigen die Wahl des Ortes der Veranlagung zu. Hat er von diesem Wahlrecht keinen Gebrauch gemacht, und ist die Veranlagung an mehreren Orten erfolgt, so gilt nur die Veranlagung an demjenigen Orte, an welchem die Einschätzung zu dem höchsten Steuerbetrage stattgefunden hat.

Preußische Staatsangehörige, welche im Inlande weder Wohnsitz noch Aufenthalt haben, sind an dem letzten Orte ihres Wohnsitzes oder Aufenthaltes in Preußen zu veranlagen.

Die Veranlagung der im §. 1 Nr. 4 und 5 bezeichneten Gesellschaften und Genossenschaften erfolgt an dem Orte, wo dieselben in Preußen ihren Sitz haben.[4])

Die Veranlagung der im §. 2 bezeichneten Steuerpflichtigen geschieht an dem Orte, wo der Grundbesitz, beziehungsweise die gewerbliche oder Handelsanlage[5]) oder die Betriebsstätte liegt, oder der bei der Steuerverwaltung etwa bestellte Vertreter seinen Wohnsitz hat, oder wo sich der Sitz der Kasse befindet, von welcher die Besoldungen, Pensionen oder Wartegelder ausgezahlt werden.

Die bezüglich des Veranlagungsortes[6]) weiter erforderlichen Anordnungen erläßt der Finanzminister.

1) Vgl. Art. 35 d. A.

2) Vgl. Anm. 3a—d und 5 zu § 1 des Ges.

3a) Das Wahlrecht steht auch Beamten und Militärpersonen zu, welche neben dem dienstlichen Wohnsitz in Preußen einen zweiten persönlichen Wohnsitz z. B. auf dem eigenen Landgute haben. Als mehrfacher Wohnsitz gilt es dagegen nicht, wenn ein Beamter oder Gewerbetreibender seine Wohnung überhaupt nicht am Sitze seines Amtes oder Geschäfts, sondern an einem angrenzenden oder benachbarten Orte innerhalb des preußischen Staates genommen hat; in Fällen dieser Art findet die Veranlagung nur am Orte des persönlichen Wohnsitzes statt. Art. 35 Abs. 3 d. A.

3b) Ungeachtet der entgegenstehenden Bestimmungen des bürgerlichen Gesetzbuches (code Napoléon) wird die Möglichkeit eines doppelten Wohnsitzes in steuerlicher Hinsicht auch für den Geltungsbereich dieses Gesetzbuches in der Rheinprovinz angenommen. (FME. v. 18. März 1881 — II. 2675 —.)

4) Vgl. Anm. 18a—c zu § 1 des Ges. und Art. 35 Ziffer 5 d. A.

5) Sind mehrere Betriebsstätten bezw. Handelsanlagen vorhanden, so erfolgt die Veranlagung am Sitze der Centralstelle. Art. 35 Ziffer 6 Abs. 2 d. A.

6) Der Steuerpflichtige hat einen Rechtsanspruch darauf, nur von der gesetzlich für seine Veranlagung zuständigen Kommission veranlagt zu werden. Entsch. d. OVG. v. 16. Sept. 1897, Entsch. i. St. Bd. VI S. 222.

2. Vorbereitung der Veranlagung.

§ 21.

Vor Beginn des Veranlagungsgeschäftes hat jeder Gemeinde-(Guts-)vorstand eine vollständige Nachweisung aller in dem Gemeinde-(Guts-)bezirke vorhandenen, in diesem Gesetze als steuerpflichtig bezeichneten Personen, Gesellschaften und Genossenschaften, sowie der nach §. 2 die Steuerpflicht bedingenden Grundbesitzungen und gewerblichen Unternehmungen aufzunehmen.[1])

1) Vgl. Art. 36 u. 37 d. A.

§ 22.

Jeder Besitzer eines bewohnten Grundstückes oder dessen Vertreter ist verpflichtet, der mit der Aufnahme des Personenstandes betrauten Behörde die auf dem Grundstücke vorhandenen Personen mit Namen, Berufs- oder Erwerbsart anzugeben.[1])

Die Haushaltungsvorstände haben den Hausbesitzern oder deren Vertretern die erforderliche Auskunft über die zu ihrem Hausstande gehörigen Personen einschließlich der Unter- und Schlafstellenmiether zu ertheilen.

1) Vgl. Art. 36 d. A. Strafvorschrift: § 68 Abs. 1 des Ges.

§ 23.

Jeder Gemeinde-(Guts-)vorstand hat über die Besitz-, Vermögens- und sonstigen Einkommensverhältnisse der Steuerpflichtigen des Gemeinde-(Guts-)bezirkes, sowie über etwaige besondere, die Leistungsfähigkeit derselben bedingende wirthschaftliche Verhältnisse (§§. 18, 19) möglichst vollständige Nachrichten einzuziehen, überhaupt alle Merkmale, welche ein Urtheil über die Besteuerung zu begründen vermögen, zu sammeln.

Auf Grund der von ihm angestellten Ermittelungen hat der Gemeinde-(Guts-)vorstand das muthmaßliche Einkommen der Steuerpflichtigen, getrennt nach den verschiedenen Einnahmequellen (§. 7), in eine Einkommensnachweisung einzutragen.[1]

Die auf den Gemeinde-(Guts-)vorstand selbst bezüglichen Eintragungen sind von den seitens der Regierungen hierfür bestimmten Personen zu bewirken.

1) Vgl. Art. 38 d. A.

3. Steuererklärungen.[1]

§ 24.

Jeder bereits mit einem Einkommen von mehr als 3000 Mark zur Einkommensteuer veranlagte Steuerpflichtige[2]) ist auf die jährlich durch öffentliche Bekanntmachung ergehende Aufforderung zur Abgabe einer Steuererklärung[3]) verpflichtet. Letztere ist innerhalb der auf mindestens vierzehn Tage[4]) zu bemessenden Frist[5]) nach den vom Finanzminister vorgeschriebenen, kostenlos zu verabfolgenden Formularen,[6]) bei dem Vorsitzenden der Veranlagungskommission (§. 34) schriftlich[7]) oder zu Protokoll, unter der Versicherung abzugeben, daß die Angaben nach bestem Wissen und Gewissen gemacht sind.

Aktiengesellschaften, Kommanditgesellschaften auf Aktien, Berggewerkschaften und eingetragene Genossenschaften sind außerdem verpflichtet, ihre Geschäftsberichte und Jahresabschlüsse sowie die darauf bezüglichen Beschlüsse der Generalversammlungen nach den näheren Bestimmungen des Finanzministers alljährlich dem Vorsitzenden der Veranlagungskommission einzureichen.

1) Vgl. Art. 28—30 und 50—55 d. A.

2) Als „veranlagter Steuerpflichtiger" gilt jeder durch Beschluß der Veranlagungskommission mit einem Einkommen von mehr als 3000 Mark veranlagte und hiervon benachrichtigte Steuerpflichtige. Darauf, daß vielleicht die Veranlagung wegen noch nicht eingetretener Erschöpfung der Rechtsmittel bisher nicht endgültig geworden ist, kommt es nach Plenarbeschluß des OVG. nicht an. Zu vgl. Mitth.H. 34 S. 12. Siehe auch Entsch. d. OVG. v. 27. Nov. 1896, Entsch. i. St. Bd. V S. 252.

3) Die Steuererklärung bildet nur ein wesentliches Mittel, nicht aber die alleinige Grundlage der Veranlagung. Sie stellt keine sogenannte „Selbsteinschätzung" dar, der die Kommissionen unbedingt folgen müßten. Vielmehr sind die Kommissionen an die Angaben des Pflichtigen nicht gebunden, wenn an der Richtigkeit der Steuererklärung trotz infolge Beanstandung gegebener Erklärungen und Erläuterungen Zweifel bestehen bleiben. A. Art. 47 II u. Entsch. d. OVG. v. 12. Jan. 1893, Entsch. i. St. Bd. I S. 97.

4) Vgl. wegen Verlängerung der Frist für Abwesende § 79 des Ges.

5) Die Frist ist für das Steuerjahr 1897/98 und die Folgezeit auf die Zeit vom 4. bis einschließlich den 20. Januar jedes Jahres mit der Maßgabe festgesetzt, daß in denjenigen Jahren, in welchen der 20. Januar auf einen Sonn- oder allgemeinen Feiertag fällt,

die Frist nicht mit dem 20., sondern erst mit dem 21. Januar endigen soll. FME. v. 22. Aug. 1896, Mitth.H. 34 S. 7.

6) Von der Zustellung des Formulars ist weder der Eintritt der Verpflichtung, noch der Lauf der Frist zur Abgabe der Steuererklärung abhängig. Steuerpflichtige, welchen ein Formular nicht zugegangen ist, müssen sich, bei eigener Verantwortlichkeit für Versäumung der gesetzlichen Frist, ein solches an der in der öffentlichen Aufforderung bezeichneten Stelle holen. Art. 28 Ziffer 1 Abs. 1 d. A.

7) Zulässig ist frankirte Einsendung durch die Post; zur Sicherheit empfiehlt es sich aber, die Sendung als „Einschreibebrief" zu bewirken, da der Absender die Gefahr trägt. Art. 28 Ziffer 4 Abs. 3 d. A.

§ 25.[1]

Andere[2]) Steuerpflichtige sind zur Abgabe einer Steuererklärung verpflichtet, sobald eine besondere Aufforderung des Vorsitzenden der Veranlagungskommission (§§. 34, 35) an sie ergeht.[3]) Sie sind, falls letzteres nicht geschieht, auf ihr Verlangen zur Abgabe einer Steuererklärung innerhalb der im §. 24 bestimmten Frist zuzulassen.[4])

1) Vgl. Art. 51 d. A.

2) „Andere" als die im § 24 bezeichneten Steuerpflichtigen. Wegen der Verpflichtung der im Zugangswege veranlagten Steuerpflichtigen (§§ 57 u. 59 des Ges.) zur Abgabe einer Steuererklärung siehe § 60 Abs. 5 des Ges. Zum Zwecke einer Nachbesteuerung nach § 80 des Einkommensteuergesetzes darf eine Steuererklärung dagegen nicht erfordert werden. FME. v. 20. Febr. 1894, Mitth. H. 30 S. 42 u. Entsch. d. OVG. v. 27. Okt. 1896, Entsch. i. St. Bd. V S. 229.

3a) Die besonderen Aufforderungen sind den Steuerpflichtigen bezw. deren Vertretern zuzustellen und die Frist ist auf mindestens 14 Tage zu bestimmen. Art. 51 d. A.

3b) Bei besonderen Aufforderungen zur Abgabe der Steuererklärung ist der Tag der Zustellung der Aufforderung in die dem Steuerpflichtigen gestellte Frist nicht einzurechnen. FME. v. 23. Juli 1894, Mitth.-H. 30 S. 5.

4) Eine rechtzeitig freiwillig abgegebene Steuererklärung genießt dieselben Rechte wie eine kraft gesetzlicher Vorschrift oder kraft besonderer Aufforderung geschuldete. Entsch. d. OVG. v. 3. Nov. 1892, Entsch. i. St. Bd. I S. 31.

§ 26.

1) In der Steuererklärung ist der Gesammtbetrag des Einkommens (§. 10) getrennt nach den im §. 7 vorgesehenen Einkommensquellen anzugeben.

2) Das Einkommen von dem außerhalb des Veranlagungsbezirkes belegenen Grundbesitze oder Gewerbebetriebe ist besonders aufzuführen.

3) Schuldenzinsen, Lasten u. s. w., deren Abzug beansprucht wird, sind anzugeben.[1])

1a) Vgl. Art. 29 d. A.

1b) Der Steuerpflichtige braucht in der Steuererklärung zwar nur den Gesammtbetrag der abzugsfähigen Schuldenzinsen anzugeben, muß aber auf Erfordern — sei es zum Zwecke der Veranlagung, sei es bei Erörterung eines Rechtsmittels — für jede Schuld den Namen und Wohnort des Gläubigers, das Datum der Schuldurkunde und den Prozentsatz der Verzinsung angeben, auch die Zinsquittungen vorlegen. Art. 24 Ziffer 1 d. A.

§ 27.

Dem Steuerpflichtigen soll auf seinen Antrag,[1]) soweit[2]) es sich um nur durch Schätzung zu ermittelndes Einkommen handelt, gestattet werden, in die Steuererklärung statt der ziffermäßigen Angabe des Einkommens diejenigen Nachweisungen aufzunehmen, deren die Veranlagungskommission zur Schätzung desselben bedarf.

1) Vgl. Art. 30 d. A.

2) Diese Ausnahme beschränkt sich absolut nur auf Einkommen, welches nur durch Schätzung, also nicht durch Gegenüberstellung wirklicher Einnahmen und Ausgaben im Wege der Berechnung ermittelt werden kann. Es muß grundsätzlich daran festgehalten werden, daß der Steuerpflichtige aus Gründen, welche nicht in der Natur des Einkommens selbst liegen, die Entbindung von der ziffermäßigen Angabe seines Einkommens nicht beanspruchen kann, insbesondere also auch nicht etwa aus dem Grunde, weil er verabsäumt hat, Aufzeichnungen über die thatsächlichen Einnahmen und Ausgaben zu machen. Art. 30 Ziffer 1 d. A.

§ 28.

Die Aufforderungen zur Abgabe der Steuererklärung müssen den Hinweis auf die im §. 30 angedrohten Rechtsnachtheile, sowie auf die Strafbestimmungen des §. 66 enthalten.

§ 29.

Die Steuererklärungen sind für Personen, welche unter väterlicher Gewalt, Pflegschaft oder Vormundschaft stehen, sowie für die im §. 1 Nr. 4 und 5 bezeichneten Steuerpflichtigen von deren Vertretern, für Ehefrauen, sofern sie nicht selbständig veranlagt sind, von deren Ehemännern abzugeben.

Für Personen, welche abwesend oder sonst verhindert sind, die Steuererklärungen selbst abzugeben, können solche durch Bevollmächtigte erfolgen.

Die Erfüllung der Steuererklärungspflicht seitens Eines von mehreren Vertretern befreit die übrigen Verpflichteten von ihrer Verbindlichkeit.

§ 30.

Wer die ihm obliegende Steuererklärung nicht innerhalb der vorgeschriebenen Frist [1]) abgiebt, verliert die gesetzlichen Rechtsmittel [2]) gegen seine Einschätzung für das betreffende Steuerjahr, insofern nicht Umstände dargethan werden, welche die Versäumniß entschuldbar machen. [3])

Wer [4]) die Steuererklärung, zu deren Einreichung er gesetzlich verpflichtet [5]) ist, nicht längstens innerhalb 4 Wochen nach einer nochmaligen an ihn zu richtenden [6]) besonderen Aufforderung, welche auch nach geschehener Veranlagung ergehen kann, [7]) abgiebt, hat neben der veranlagten Steuer einen Zuschlag [8]) von 25 Prozent zu derselben zu zahlen und worden, daß mit den beiden Fassungen absolut dasselbe gesagt sein soll. (Sitz. d. Abg.H. v. 18. Febr. 1891.)

6) Die nochmalige Aufforderung ist durch die Ausführungsanweisung vorgeschrieben; sie erfolgt möglichst unmittelbar nach dem fruchtlosen Ablaufe der ersten Frist und stellt eine anderweite Frist von 4 Wochen zur Abgabe der Steuererklärung. Art. 54 d. A.

7) Eine nachträgliche Veranlagung bezw. Erhöhung kann, wie dies im § 80 vorgeschrieben ist, das ganze Steuerjahr hindurch erfolgen, es ist daher zweifellos, daß die hier in Rede stehende Aufforderung noch im Laufe des ganzen Steuerjahres ergehen kann.

8 a) Der Zuschlag von 25 % soll nicht den Charakter einer gerichtlichen oder kriminellen Strafe haben, sondern nur einen Vermögensnachtheil darstellen. Derjenige, welcher die Abgabe einer Steuererklärung verweigert, muß prinzipaliter als suspekt erscheinen, daß er ein höheres Einkommen hat, als wie er bisher eingeschätzt worden ist, und der Zuschlag soll daher nicht allein ein Zwang sein, sondern es wird auch der Billigkeit entsprechen, einem derartigen Censiten neben höherer Einschätzung auch noch einen Zuschlag von 25 % aufzulegen.

Demjenigen Steuerpflichtigen, welcher etwa aus Gewissensbedrängniß, aus Unmöglichkeit einer genauen Berechnung seines Einkommens u. s. w. sich nicht in der Lage glaubt, eine Steuererklärung abzugeben, werden diese 25 % nicht ohne weiteres auferlegt. Der Zuschlag wird nur dann festgesetzt, wenn der Steuerpflichtige auf die wiederholte Aufforderung hin seine Steuererklärung nicht abgegeben hat. Glaubt Jemand zur Abgabe einer Steuererklärung nicht in der Lage zu sein, so steht nichts im Wege, daß er seine Bedenken dem Vorsitzenden der Veranlagungskommission vorträgt, und wenn die Bedenken begründet sind, wird der Vorsitzende Abstand nehmen, ihn nochmals aufzufordern und ihn in die Lage des Zuschlages zu versetzen.

8b) Der einen Rechtsnachtheil darstellende Zuschlag von 25 % darf nicht zur Kommunalsteuer herangezogen werden. (Komm.Ber. d. H.H. S. 12.)

8c) Ueber die accessorische Natur des Zuschlages zu vgl. FME. v. 13. Dez. 1892 u. v. 11. April 1893, H. 26 der Mitth. S. 20 u. 21.

9) Die Regierungen sind ermächtigt, den Zuschlag von 25 % nicht festzusetzen, wenn dargethan wird, daß der Steuerpflichtige durch Naturereignisse oder andere unabweisbare Zufälle verhindert war, die in der nochmaligen Aufforderung zur Abgabe der Steuererklärung gestellte Frist einzuhalten. FME. v. 12. Juni 1892, Mitth.H. 25 S. 70.

4. Organe, Bezirke und Verfahren der Veranlagung.

§ 31.

Der Veranlagung der Steuerpflichtigen geht eine Voreinschätzung durch besondere Kommissionen voraus.

Die Voreinschätzungskommissionen [1]) bestehen aus dem Gemeindevorstande als Vorsitzenden und aus einer von der Regierung zu bestimmenden Anzahl von Mitgliedern, welche unter möglichster Berücksichtigung der verschiedenen Arten des Einkommens theils von der Regierung ernannt, theils von der Gemeindeversammlung beziehungsweise Gemeindevertretung gewählt werden. Die Zahl der ernannten Mitglieder einschließlich des Vorsitzenden muß hinter der Zahl der gewählten Mitglieder zurückbleiben.[2]) Die Regierung kann von der Ernennung von Mitgliedern absehen.

Gemeinden und selbständige Gutsbezirke können nach Anhörung der Betheiligten im Einvernehmen mit dem Bezirksausschusse durch die Regierung und, falls ein Einvernehmen beider Behörden nicht erreicht wird, durch den Oberpräsidenten mit benachbarten Gemeinden zu einem Voreinschätzungsbezirke vereinigt werden.

Wo Landgemeinden oder Gutsbezirke nach Maßgabe der Landgemeindeordnung für die sieben östlichen Provinzen zum Zwecke der gemeinsamen Wahrnehmung einzelner zu ihrem Wirkungskreise gehöriger Kommunalangelegenheiten zu besonderen Verbänden vereinigt sind oder vereinigt werden, können dieselben zu einem Voreinschätzungsbezirke verbunden werden.

Für jeden solchen Bezirk (Absatz 3 und 4) wird nur eine Voreinschätzungskommission gebildet, deren Vorsitz der von der Regierung zu bestimmende Gemeinde- oder Gutsvorsteher, Bürgermeister, Amtmann oder Amtsvorsteher zu übernehmen hat.

Die Zahl der zu wählenden Mitglieder einer solchen Voreinschätzungskommission wird auf die einzelnen Gemeinden und Gutsbezirke nach Verhältniß der Einwohnerzahl mit der Maßgabe vertheilt, daß mindestens ein Mitglied auf jede Gemeinde und jeden Gutsbezirk entfällt.

Für Gutsbezirke treten die Vorsteher beziehungsweise deren Stellvertreter oder die von ihnen zu ernennenden Einwohner des Voreinschätzungsbezirkes als Mitglieder in die Kommission ein.

1) Vgl. Art. 40 d. A.

2) Die Zahl darf also höchstens Einen weniger als die Hälfte der Gesammtzahl der Komm.-Mitglieder betragen. Anders in § 34 Abs. 2.

§ 32.

Die Voreinschätzungskommission [1]) unterwirft die gemäß §§. 21, 23 von dem Gemeinde- (Guts-) vorsteher aufgestellten Nachweisungen einer genauen Prüfung und trägt die für die einzelnen Steuerpflichtigen ermittelten Einkommensbeträge bis zu 3000 Mark,[2]) sowie die von ihr für diese vorzuschlagenden Steuersätze in die Nachweisungen ein.

1) Vgl. Art. 41—45 d. A.

2) Zu § 32 wurde in der Komm. d. H. der Abg. (Komm.Ber. v. 2. Febr. 1891 S. 44) ein Antrag dahin gestellt, daß die Voreinschätzungskommission bezüglich der Censiten mit einem Einkommen von über 3000 Mark die Nachweisungen und Einkommensverhältnisse einer Prüfung nicht unterziehen solle, da ein Eindringen der Voreinschätzungskommission in die Vermögensverhältnisse dieser Censiten, die durch die eigenen Angaben der letzteren in den Steuererklärungen klargestellt seien, nicht angezeigt erschiene. Nachdem der Herr Finanzminister indessen erklärt hatte, daß ohne eine Prüfung und Angabe der bekannten Verhältnisse bezüglich aller Censiten durch die Voreinschätzungskommission die Veranlagungskommission zu zahlreichen Rückfragen genöthigt sein würde, daß auch den Voreinschätzungskommissionen die Steuererklärungen nicht zugänglich gemacht werden sollten, wurde der gestellte Antrag mit großer Mehrheit abgelehnt.

§ 33.

Behufs Veranlagung der Steuerpflichtigen bildet jeder Kreis einen Veranlagungsbezirk. Der Regierung steht die Befugniß [1] zu, innerhalb desselben Kreises die Bildung mehrerer Veranlagungsbezirke anzuordnen.

1) Die Regierung hat vor Ausübung dieser Befugniß die Genehmigung des Finanzministers einzuholen. Art. 46 d. A.

§ 34.

Für jeden Veranlagungsbezirk ist unter dem Vorsitze des Landraths [1] oder eines von der Regierung zu ernennenden Kommissars eine Veranlagungskommission [2] zu bilden, deren Mitglieder theils von der Regierung ernannt, [3] theils von der Kreisvertretung und in den Stadtkreisen von der Gemeindevertretung aus den Einwohnern des Veranlagungsbezirks, unter möglichster Berücksichtigung der verschiedenen Arten des Einkommens, auf die Dauer von sechs Jahren gewählt [4] werden.

Die Zahl der ernannten und der gewählten Mitglieder wird für die einzelnen Veranlagungsbezirke mit Rücksicht auf deren Größe und auf die Einkommensverhältnisse der Einwohner von der Regierung in der Art bestimmt, daß die Zahl der ernannten Mitglieder einschließlich des Vorsitzenden die Hälfte der gewählten Mitglieder nicht überschreitet. [5]

Alle drei Jahre scheidet je die Hälfte der ernannten und der gewählten Mitglieder, und zwar bei ungerader Zahl das erste Mal die größere Hälfte aus und wird durch neue Ernennungen beziehungsweise Wahlen ersetzt. Die das erste Mal Ausscheidenden werden durch das Loos bestimmt; die Ausscheidenden können wieder ernannt beziehungsweise gewählt werden.

1a) In der Sitzung des H. der Abg. v. 19. Febr. 1891 äußerte der Finanzminister: „Ich möchte nur einen Irrthum des Abg. K. berichtigen, indem er meint das Wort „Landrath" solle hier nicht auch den Oberbürgermeister in Stadtkreisen bezeichnen. Das ist ein Irrthum. Es handelt sich um diejenigen Personen, welche landräthliche Befugnisse ausüben, und darunter fällt natürlich in den Stadtkreisen auch der Oberbürgermeister; er würde also in dieser Beziehung ganz gleich behandelt werden wie der Landrath in einem Landkreise."

1b) Wegen der Vertretung des Landraths als Vorsitzender der Veranlagungskommission zu vgl. den E. d. M. d. J. und FM. v. 27. Sept. 1894, Mitth.H. 30 S. 30, welcher die Mitwirkung des Vorsitzenden der Berufungskommission bei Regelung der Vertretung sichert.

2) Vgl. Art. 46 d. A.

3) Es ist nicht vorgeschrieben, daß die zu ernennenden Mitglieder Einwohner des Veranlagungsbezirks sein müssen. Vgl. Sten.Ber. über die Sitz. des Abg.H. v. 19. Febr. 1891.

4) Ueber die Voraussetzungen der Wählbarkeit siehe § 50 Abs. 3 des Ges.

5) Die Zahl darf also höchstens ein Drittel der Gesammtzahl der Kommissionsmitglieder betragen. Anders in § 31 Abs. 2.

§ 35.

Der Vorsitzende der Veranlagungskommission,[1]) welcher zugleich die Interessen des Staates vertritt, hat innerhalb seines Veranlagungsbezirks die Geschäftsführung der Vorsitzenden der Voreinschätzungskommissionen zu beaufsichtigen und das Veranlagungsgeschäft zu leiten. Er ist dafür verantwortlich, daß die gesammte Veranlagung in seinem Bezirke nach den bestehenden Vorschriften zur Ausführung gelangt.

Der Vorsitzende hat insbesondere die Personenstands- und Einkommensnachweisungen (§§. 21, 23) zu prüfen, die öffentlichen Bekanntmachungen wegen Abgabe der Steuererklärungen zu erlassen (§. 24) und diejenigen nicht bereits mit einem Einkommen von mehr als 3000 Mark veranlagten Steuerpflichtigen, bei welchen ein diesen Betrag übersteigendes Einkommen anzunehmen ist, zur Abgabe beziehungsweise Erneuerung der Steuererklärung besonders aufzufordern. Die sämmtlichen eingegangenen Steuererklärungen sind von ihm zu prüfen.

Zum Zwecke der richtigen Veranlagung der Steuerpflichtigen, insbesondere behufs Prüfung der Steuererklärungen hat der Vorsitzende über die Besitz-, Vermögens- und Einkommensverhältnisse der Steuerpflichtigen möglichst vollständige Nachrichten einzuziehen.

Hierbei kann er sich nach seinem Ermessen der Mitwirkung der Gemeinde- (Guts-) vorstände und der Verwaltungsbehörden bedienen, welche seinen Aufforderungen Folge zu leisten schuldig sind. Er ist befugt, die Voreinschätzungskommissionen zu einer besonderen Aeußerung über die Besitz-, Vermögens- und Einkommensverhältnisse einzelner Steuerpflichtiger zu veranlassen.

Der Vorsitzende kann[2]) den Steuerpflichtigen auf Antrag oder von Amtswegen Gelegenheit zur persönlichen Verhandlung über die für die Veranlagung erheblichen Thatsachen und Verhältnisse gewähren.

Sämmtliche Staats- und Kommunalbehörden haben die Einsicht aller die Einkommensverhältnisse der Steuerpflichtigen betreffenden Bücher, Akten, Urkunden u. s. w. zu gestatten und auf Ersuchen Abschriften aus denselben zu ertheilen,[3]) sofern nicht besondere gesetzliche Bestimmungen oder dienstliche Rücksichten entgegenstehen.[4]) Die Einsicht der Bücher, Akten u. s. w. der Sparkassen[5]) ist nicht gestattet.

1a) Vgl. Art. 47—49 d. A.

1b) Vermöge seines Aufsichtsrechtes ist der Vorsitzende der Veranlagungskommission befugt, die Gemeindevorsteher (Bürgermeister, Amtmänner) und Gutsvorsteher seines Bezirks mit Anweisungen zu versehen, sie zur Erfüllung ihrer Pflichten anzuhalten und nöthigenfalls zur Durchführung der innerhalb seiner Zuständigkeit getroffenen Anordnungen die nach Maßgabe der allgemeinen Bestimmungen und der Verf. v. 5. Juli 1866 (M.Bl. d. i. V. S. 133) zulässigen Zwangsmittel anzuwenden. E. d. M. d. J. und des FM. v. 17. Dez. 1894, Mitth.H. 30 S. 31.

2) Der Vorsitzende darf derartige Anträge der Steuerpflichtigen nur aus dringenden Gründen ablehnen. Art. 47 II. Ziffer 4 d. A.

3) — und zwar, wie unter Zustimmung des Herrn Finanzministers festgestellt wurde, auf Kosten der Behörden selbst. Komm.Ber. d. H. d. Abg.

4) wie z. B. in Ansehung des Staatsschuldbuchs (§ 2 Abs. 4 des Ges. v. 20. Juli 1883, GS. S. 120).

5) Die Verwaltungen der öffentlichen Sparkassen sind auch nicht verpflichtet, über die Höhe einzelner Sparkasseneinlagen Auskunft zu ertheilen. FME. v. 25. Jan. 1893, Mitth.H. 26 S. 15. Im gerichtlichen Strafverfahren ist aber Zeugenvernehmung eines Sparkassenbeamten über die Höhe oder das Vorhandensein von Einlagen nicht ausgeschlossen. FME. v. 13. Aug. 1897, Mitth.H. 35 S. 36.

§ 36.

Der Vorsitzende der Veranlagungskommission hat die von der Voreinschätzungskommission vorgeschlagenen Steuersätze (§. 32) zu prüfen und, soweit dieselben nicht von ihm beanstandet werden, festzusetzen.[1])

In Betreff derjenigen Steuerpflichtigen, bezüglich welcher ein Vorschlag der Voreinschätzungskommission nicht vorliegt, oder der Vorschlag von ihm beanstandet wird, hat er die Verhandlungen der Veranlagungskommission zur Beschlußfassung vorzulegen und zu diesem Behufe das nach seinem Ermessen für jeden Steuerpflichtigen zutreffende Einkommen, getrennt nach den verschiedenen Quellen, in die Einkommensnachweisung einzutragen und den nach Vorschrift dieses Gesetzes zu entrichtenden Steuersatz vorzuschlagen.

Vgl. Art. 56 d. A.

§ 37.

Dem Vorsitzenden der Veranlagungskommission können zur Bearbeitung der Einkommensteuersachen von der Regierung Hülfsbeamte[1]) zugeordnet werden. Dieselben können an den Kommissionssitzungen als Stellvertreter des Vorsitzenden oder mit berathender Stimme theilnehmen; ihre sonstigen Rechte und Pflichten werden nach den hierüber von dem Finanzminister zu erlassenden allgemeinen Anweisungen von der Regierung festgesetzt.[2])

1) In der Kommission d. H. d. Abg. (Ber. v. 2. Febr. 1891 S. 48) wurde die Frage aufgeworfen, welche Stellung dem Hülfsbeamten gegeben werden solle. Durch eine Erklärung des Herrn Finanzministers wurde festgestellt, daß der Hülfsbeamte, der auch Subalternbeamter sein kann, Gehülfe des Landraths bezw. des anderweiten Vorsitzenden sein und dem Landrath gegenüber keine selbständigen Rechte haben soll. Die Geschäftsvertheilung zwischen beiden wird im Wege der Instruktion zu regeln sein. Der Landrath kann sich den Hülfsbeamten in geeigneten Fällen als Vorsitzenden der Kommission substituiren; geschieht dies nicht, so wird der Hülfsbeamte mit berathender Stimme an den Sitzungen der Kommission theilnehmen. Subalterne Hülfsbeamte dürfen jedoch niemals zur Stellvertretung des Vorsitzenden in den Sitzungen der Veranlagungskommission, oder zur Theilnahme an denselben mit berathender Stimme verwendet werden. Erl. d. M. d. J. und d. FM. v.

8. Juli 1891, Mitth.H. 25 S. 33. Es darf ihnen auch nicht überlassen werden, in der Sitzung der Veranlagungskommission die Besteuerungsmerkmale der einzelnen Censiten und die Vorschläge über die in Anwendung zu bringenden Steuersätze vorzutragen. FME. v. 24. Dez. 1895, Mitth.H. 33 S. 27.

2a) Ueber die Einrichtung von etatsmäßigen Steuersekretär- und Kanzlistenstellen und über die für die Prüfung der im Bureaudienst der Verwaltung der direkten Steuern anzustellenden Beamten maßgebenden Bestimmungen zu vgl. FME. v. 1. Mai 1894 und v. 19. Juni 1894, Mitth.H. 30 S. 35.

2b) Ueber die Zuweisung staatlicher Subalternbeamter an die Vorsitzenden der Veranlagungskommissionen zu vgl. ME. v. 23. Aug. 1891, Mitth.H. 25 S. 35. Dort wird am Schluß bestimmt: „Damit die gerade zu diesem Zwecke den Vorsitzenden überwiesenen Beamten ihrer eigentlichen Aufgabe nicht durch Uebertragung anderer Geschäfte entzogen werden, muß es daher bis auf weiteres bei der Bestimmung verbleiben, wonach dieselben ausschließlich mit der Bearbeitung der Steuerangelegenheiten beschäftigt werden dürfen." Danach kann auch die Regierung Ausnahmen nicht gestatten. Es wird in dem Erlasse ausgeführt, daß die neben Bearbeitung der laufenden Geschäfte während des ganzen Jahres im Auge zu behaltende gründliche Vorbereitung der künftigen Veranlagung die unausgesetzte volle Arbeitsleistung der Steuersubalternbeamten in Anspruch nimmt.

2c) Wegen der Remunerationen, Diäten und Reisekosten der Hülfsbeamten zu vgl. die ME. v. 25. Okt. 1891, 31. Juli 1892, 8. März 1892, Mitth.H. 25 S. 37, 38, 82, v. 11. Dez. 1891, Mitth.H. 25 S. 85, v. 28. Dez. 1892, 27. Febr. 1893, Mitth.H. 26 S. 9, 31 und v. 26. Nov. 1892, Mitth.H. 29 S. 13. Wegen der Tagegelder und Reisekosten der Steuersekretäre zu vgl. FME. v.

28. Aug. 1894, Mitth.H. 30 S. 39. Ueber Tagegelder und Reisekosten der den Landräthen zugeordneten Assessoren vgl. ME. v. 8. März 1892, Mitth.H. 25 S. 82 und v. 27. Febr. 1893, Mitth.H. 26 S. 31. Ueber das Aufrücken der Militäranwärter der direkten Steuerverwaltung in höhere Diätensätze siehe FME. v. 22. Okt. 1894, Mitth.H. 30 S. 38.

2d) Dem Vertreter eines Landraths im Hauptamt — ausgenommen aber den Kreissekretär — ist für Fälle, welche ein sofortiges Einschreiten erfordern, insbesondere zur Aufrechterhaltung der dienstlichen Ordnung innerhalb des landräthlichen Bureaus, bei Nichtanwesenheit des stellvertretenden Vorsitzenden der Veranlagungskommission die dem Landrathe gegenüber den ihm als Vorsitzenden der Veranlagungskommission beigegebenen Beamten der direkten Steuerverwaltung zustehende Disziplinargewalt durch E. d. M. d. J. und d. FM. v. 23. Jan. 1896 (Mitth.H. 33 S. 26) delegirt.

§ 38.

Die Veranlagungskommission unterwirft die eingegangenen Steuererklärungen sowie die Personenstands- und Einkommensnachweisungen einer genauen Prüfung.[1]) Hierbei hat sie das Recht, von den nach §. 35 Absatz 4, 5 und 6 dem Vorsitzenden zustehenden Hülfsmitteln auch ihrerseits Gebrauch zu machen.

Wird eine Steuererklärung durch die Veranlagungskommission oder den Vorsitzenden beanstandet,[2]) so ist dem Steuerpflichtigen hiervon unter Mittheilung der Gründe[3]) mit der Aufforderung Kenntniß zu geben, sich binnen einer Frist von zwei

Wochen, welche vom Vorsitzenden im Bedürfnißfalle auf vier Wochen verlängert werden kann, über dieselben oder bestimmte an ihn gestellte Fragen zu erklären. Unterläßt dies der Steuerpflichtige, oder werden die Bedenken gegen die Richtigkeit der Steuererklärung durch die Erläuterung oder Ergänzung seitens desselben nicht behoben,[4]) so ist die Veranlagungskommission befugt, die Vernehmung von Zeugen und Sachverständigen[5]) und sonstige, zur Feststellung der Thatsachen erforderliche Erhebungen zu veranlassen.[6]) Die zu vernehmenden Personen dürfen die Auskunftsertheilung nur unter den Voraussetzungen ablehnen, welche nach der Civilprozeßordnung zur Ablehnung eines Zeugnisses beziehungsweise Gutachtens berechtigen.[7])

Bleiben trotzdem die Zweifel an der Richtigkeit der Steuererklärung[8]) bestehen, so ist die Kommission bei Schätzung des Einkommens an die Angaben des Steuerpflichtigen nicht gebunden.

Die Kommission setzt den nach ihrem Ermessen zutreffenden Steuersatz auf Grund der stattgehabten Ermittelungen fest.

1) Vgl. Art. 55 d. A.

2a) Die dem Vorsitzenden der Veranlagungskommission obliegende Beanstandung der Steuererklärung darf nicht einer nachgeordneten Stelle übertragen werden. Entsch. d. OVG. v. 30. Mai 1895, Entsch. i. St. Bd. IV S. 118.

2b) Die Vorschriften über Beanstandung der Steuererklärung beziehen sich auch auf freiwillig abgegebene

Steuererklärungen. (§ 25 des Ges.) Entsch. d. OVG. v. 9. Nov. 1892, Entsch. i. St. Bd. I S. 31.

2c) Selbst verspätet eingegangene Steuererklärungen müssen, ehe von den Angaben des Steuerpflichtigen abgewichen wird, beanstandet werden, es sei denn, daß zur Zeit der Abgabe der Deklaration die Veranlagung schon stattgefunden haben sollte. FME. v. 17. Sept. 1894, Mitth.H. 30 S. 5.

2d) Werden die Angaben einer Steuererklärung ohne zuvorige Beanstandung der Veranlagung nicht zu Grunde gelegt, so leidet das Verfahren an einem wesentlichen Mangel, der eintretenden Falles in der Berufungsinstanz auszugleichen ist. Entsch. d. OVG. v. 3. Nov. 1892, Entsch. i. St. B. I S. 31.

3a) Die Beanstandung muß in der durch den Zweck gebotenen sachlichen Art vorgenommen werden. Aus den Akten muß erhellen, mit welchem Ziele und mit welchem Erfolge die Steuererklärung beanstandet ist. Entsch. d. OVG. v. 2. Jan. 1893, Entsch. i. St. Bd. I S. 87. Der Steuerpflichtige soll kurz und sachlich darüber unterrichtet werden, in welchen einzelnen Punkten seine Angaben nicht genügen, sondern der Aufklärung oder des Nachweises bedürfen. Art. 55 Ziffer 1 d. A.

3b) Mittheilung der Beanstandung an den Steuerpflichtigen ist sogar dann geboten, wenn derselbe darauf zu verzichten im Voraus erklärt hat. Entsch. d. OVG. v. 18. Dez. 1896, Entsch. i. St. Bd. V S. 313.

4a) Die Berichtigung irrthümlicher Angaben der Steuererklärung, die ein Steuerpflichtiger in der Beantwortung der Beanstandung oder später unter Beweisantritt vornimmt, darf nicht zu seinem Nachtheile als an sich unglaubwürdig verworfen werden. Entsch. d. OVG. v. 18. April 1893, Entsch. i. St. Bd. I S. 357.

4b) Eine Beweisführung durch Vertrauensmänner sieht das Gesetz nicht mehr vor; ein hierauf gerichtetes

9*

Angebot des Steuerpflichtigen erfordert keine Berücksichtigung. Entsch. d. OVG. v. 23. Febr. 1893 Entsch. i. St. Bd. I S. 186.

4c) Ueber Beweisfälligkeit in Bezug auf behauptete Schulden vgl. Anm. 4g zu § 9 des Ges. am Schluß.

5a) Bei der Abhörung von Sachverständigen sind die Kommissionen an die von dem Steuerpflichtigen namhaft gemachten Persönlichkeiten nicht gebunden. Entsch. d. OVG. v. 1. Mai 1893, Entsch. i. St. Bd. I S. 370.

5b) Dienstboten und Gewerbegehülfen des Censiten sollen zur Aufklärung der Einkommens- und Vermögensverhältnisse des eigenen Dienstherrn weder im Verfahren zur Veranlagung der Einkommensteuer noch bei Erörterung der Rechtsmittel vernommen werden, es sei denn, daß der Steuerpflichtige damit einverstanden ist, oder die Veranlagungs- oder Berufskommission die Vernehmung ausdrücklich beschließt, oder eine Maßregel zur Feststellung einer Steuerkontravention in Frage kommt. FME. v. 6. Okt. 1895, Mitth.H. 33 S. 9.

6) Erklärungen eines Steuerpflichtigen und Ergebnisse einer Beweisaufnahme müssen, wenn sie gegen den Steuerpflichtigen verwerthet werden sollen, förmlich, d. h. zu Protokoll oder sonst aktenmäßig festgestellt sein. Entsch. d. OVG. v. 14. u. 21. April 1893, Entsch. i. St. Bd. I S. 349 u. 350.

7) Vgl. §§ 348—350, 372, 373 CPO.

8) Hat die Veranlagungskommission gegen die Richtigkeit der Steuererklärung Bedenken auf Grund des Aufwandes des Pflichtigen, so muß sie ihn über diese Bedenken auf Grund des § 38 Abs. 2 des Ges. hören. Entsch. d. OVG. v. 1. Dez. 1892, Entsch. i. St. Bd. I S. 66.

8a) Vgl. Anm. 3 zu § 24 des Ges.

§ 39.

Das Ergebniß der Veranlagung hat der Vorsitzende der Veranlagungskommission jedem Steuerpflichtigen mittelst einer, zugleich eine Belehrung über das Rechtsmittel der Berufung enthaltenden Zuschrift bekannt zu machen.[1])

1 a) Vgl. Art. 60 d. A.

1 b) Ist der Steuerpflichtige vor der erfolgten Behändigung des Veranlagungsschreibens verstorben, so ist das Veranlagungsergebniß den Erben bekannt zu machen und von diesen die auf den Erblasser veranlagte und bis zu dem Ablaufe seines Sterbemonats rückständige Steuer zu erfordern. FME. v. 4. Okt. 1892, Mitth.H. 25 S. 70.

1 c) Der Vorsitzende kann sich bei Vollziehung der Steuerzuschrift eines Stempels bedienen. Art. 70 Ziffer 7 d. A.

5. Rechtsmittel.

a) Berufung.

§ 40.

Gegen das Ergebniß der Veranlagung steht sowohl dem Steuerpflichtigen als auch dem Vorsitzenden der Veranlagungskommission das Rechtsmittel der Berufung[1]) an die Berufungskommission zu.

Die Berufung ist seitens des Vorsitzenden der Veranlagungskommission bei dem Vorsitzenden der Berufungskommission, seitens der Steuerpflichtigen bei dem Vorsitzenden der Veranlagungskommission binnen einer Ausschlußfrist von vier Wochen[2]) ein-

zulegen,[3] **welche für den Vorsitzenden der letzteren vom Tage des angefochtenen Beschlusses,**[4] **für den Steuerpflichtigen von dem auf die Zustellung der Benachrichtigung (§. 39) folgenden Tage ab läuft.**

1a) Vgl. Art. 62 d. A. (Berufungen des Steuerpflichtigen) und Art. 63 d. A. (Berufungen des Vorsitzenden der Veranlagungskommission).

1b) Eine Anschließung des Steuerpflichtigen an die vom Vorsitzenden der Veranlagungskommission eingelegte Berufung ist nach Ablauf der Berufungsfrist nicht statthaft. Entsch. d. OVG. v. 10. Juni 1893, Entsch. i. St. Bd. II S. 49.

2a) Vier Wochen sind gleich 28 Tagen. Die Ausschlußfrist rechnet von dem auf die Zustellung der Benachrichtigung folgenden Tage ab. Art. 60 d. A.

2b) Ueber Endigung der Ausschlußfristen in der Verwaltung der direkten Steuern siehe FME. v. 3. Okt. 1884, Mitth.H. 17 S. 55:

„Die deutsche Civilprozeßordnung (§ 200) bestimmt, daß, wenn das Ende einer Frist auf einen Sonntag oder allgemeinen Feiertag*) fällt, die Frist erst mit Ablauf des nächstfolgenden Werktages endigt.

---

*) Allgemeine Feiertage im Sinne der §§ 13, 20 Abs. 2 der Verord. v. 7. Sept. 1879 (§ 681 der CPO., RGB. 1877 S. 206) sind:

1. Der erste und zweite Feiertag der drei christlichen Feste Weihnachten, Ostern und Pfingsten.
2. Der Charfreitag.
3. Der Neujahrstag.
4. Der Buß- und Bettag.
5. Der Himmelfahrtstag.

Für die Rheinprovinz dürfte noch die Allerh. Kab.-Ordre v. 5. Juli 1832, die gesetzlichen Festtage in der Rheinprovinz betr. (GS. S. 197) Geltung haben.

Nachdem diese Bestimmung auch für die Berechnung der Fristen für Beschwerden in Verwaltungssachen und im Verwaltungsstreitverfahren maßgebend geworden ist — vgl. § 52 des Ges. über die allgemeine Landesverwaltung v. 30. Juli 1883 (GS. S. 195) — kann der bisher bezüglich der Präklusivfristen in der Verwaltung der direkten Steuern festgehaltene entgegengesetzte Grundsatz (vgl. Verf. v. 1. Okt. 1876 — II. 12 886 — Gauß, Gebäudesteuer S. 493 Nr. 1529) nicht mehr aufrecht erhalten werden, vielmehr ist auch hinsichtlich der in den Gesetzen über die direkten Steuern vorgeschriebenen Fristen insbesondere für Anbringung der Reklamationen, Remonstrationen, Rekurse u. s. w. nach obiger Bestimmung zu verfahren."

2c) Die Berufungsfrist ist dann gewahrt, wenn der Steuerpflichtige das Rechtsmittel derart einlegt, daß er bei geordnetem Geschäftsgange mit Bestimmtheit darauf rechnen konnte, die Berufungsschrift werde fristgerecht in die Hände des zuständigen Beamten gelangen. Entsch. d. OVG. v. 17. April 1893, Entsch. i. St. Bd. I S. 356. Ist der Geschäftsgang bei der auf der Adresse der Berufungsschrift bezeichneten Behörde so eingerichtet, daß Postsendungen täglich nur einmal von der Post abgeholt werden und also nach der Abholung noch abholungsfähige Postsendungen auf der Post liegen können, so müssen diese in dem ganzen Zeitpunkte als bestellt gelten, in dem sie abgeholt werden konnten. Zu vgl. FME. v. 10. Juni 1893, Mitth.H. 30 S. 12 u. das daselbst abgedruckte Erk. d. OVG. v. 16. Nov. 1894.

Hat die Behörde, bei welcher das Rechtsmittel anzubringen ist, einen Briefkasten, so ist die Frist gewahrt, wenn die Zuschrift bis 12 Uhr Nachts am letzten Tage in den Briefkasten gelegt worden ist. Im Zweifelsfalle hat den Zeitpunkt der Einlegung der Steuerpflichtige zu beweisen. Entsch. d. OVG. v. 4. Juli 1896, Entsch. i. St. Bd. V S. 182.

2d) Verspätete Berufungen weist der Vorsitzende der Veranlagungskommission ohne Weiteres zurück. Art. 62 d. A.

Falls sich jedoch der Steuerpflichtige bei dem ihm gemäß Art. 62 d. A. vom Vorsitzenden der Veranlagungskommission ertheilten vorläufigen Bescheide in dieser Hinsicht nicht beruhigen will, so entscheidet die Berufungskommission darüber, ob die Berufung rechtzeitig oder verspätet ist. FME. v. 11. Okt. 1893, Mitth.H. 29 S. 13.

2e) § 3 des Ges. über die Verjährungsfristen bei öffentlichen Abgaben v. 18. Juni 1840 (GS. S. 140) bestimmt:

„Wendet sich der Reklamant an eine inkompetente Behörde, so hat diese das Rekursgesuch an die kompetente Behörde abzugeben, ohne daß dem Reklamanten die Zwischenzeit auf die Frist angerechnet wird."

Dieser Paragraph ist hier anwendbar, siehe Entsch. d. OVG. v. 15. Dez. 1892, Entsch. i. St. Bd. 1 S. 77.

2f) Vgl. § 47 des Ergänzungssteuerges. u. Art. 67 A d. A. Die Wiedereinsetzung in den vorigen Stand kann beantragen, wer durch Naturereignisse oder andere unabwendbare Zufälle verhindert worden ist, die in dem Einkommensteuergesetze zur Einlegung von Rechtsmitteln vorgeschriebenen Ausschlußfristen einzuhalten. Als unabwendbarer Zufall ist es anzusehen, wenn der Antragsteller von einer Zustellung ohne sein Verschulden keine Kenntniß erlangt hat.

Ueber den Antrag entscheidet die Kommission oder Behörde, welcher die Entscheidung über das versäumte Rechtsmittel zusteht. Das versäumte Rechtsmittel ist unter Anführung der Thatsachen, durch welche der Antrag auf Wiedereinsetzung begründet werden soll, sowie der Beweismittel innerhalb zwei Wochen nach dem Ablaufe des Tages, mit welchem das Hinderniß gehoben ist, nachzuholen.

Nach Ablauf eines Jahres, von dem Ende der versäumten Frist an gerechnet, findet die Nachholung und der Antrag auf Wiedereinsetzung nicht mehr statt.

Die durch Erörterung des Antrages auf Wiedereinsetzung entstehenden baaren Auslagen trägt in allen Fällen der Antragsteller.

3) Es ist Sache des Steuerpflichtigen, die zur Begründung des Rechtsmittels erforderlichen Thatsachen und Beweismittel anzuführen, ohne daß die Berufungskommission von Amts wegen verpflichtet wäre, ihm dazu Gelegenheit zu geben; im Uebrigen ist die Berufung an eine bestimmte Form nicht gebunden. Art. 62 d. A. und Entsch. d. OVG. v. 29. Sept. 1892, Entsch. i. St. Bd. 1 S. 4.

4) Als Tag des angefochtenen Beschlusses gilt, sofern die Verhandlungen nicht etwas anderes ergeben, der Tag, an welchem die betreffende Einkommensteuerliste oder Einkommensnachweisung festgesetzt ist. Art. 63 Abs. 3 d. A.

§ 41.

Für jeden Regierungsbezirk wird unter dem Vorsitze eines von dem Finanzminister zu ernennenden Regierungskommissars eine Berufungskommission [1]) gebildet, deren Mitglieder theils von der Regierung ernannt, theils von dem Provinzialausschusse aus den Einwohnern des Regierungsbezirks, unter möglichster Berücksichtigung der verschiedenen Arten des Einkommens, auf die Dauer von sechs Jahren [2]) gewählt werden.

Die Mitglieder der für die Haupt- und Residenzstadt Berlin zu bildenden Berufungskommission werden theils von dem Finanzminister ernannt, theils von dem Magistrat und der Stadtverordnetenversammlung in gemeinschaftlicher Sitzung unter dem Vorsitz des Bürgermeisters gewählt.

Die Zahl der Mitglieder der Berufungskommission wird für jeden Bezirk von dem Finanzminister nach Maßgabe der Vorschrift im §. 34 Absatz 2 festgesetzt. Die Bestimmungen im §. 34 Absatz 3 finden entsprechende Anwendung

1) Vgl. Art. 64 d. A.

2) Ueber Ersatzwahlen für die im Laufe der Wahlperiode ausscheidenden Mitglieder der Berufungskommission zu vgl. FME. v. 23. Jan. 1893, Mitth.H. 26 S. 9. Ueber Ersatzwahlen für bei Erneuerung der Berufungskommission aus gesetzlichen Gründen die Wahl Ablehnende siehe FME. v. 15. Dez. 1894, Mitth.H. 30 S. 27.

§ 42.

Der Vorsitzende[1]) der Berufungskommission ist in Bezug auf die richtige Feststellung der Steuer der Vertreter der Staatsinteressen für seinen Bezirk. Ihm liegt die obere Leitung des gesammten Veranlagungsgeschäfts im Bezirke ob. Er hat die gleichmäßige Anwendung der Veranlagungsgrundsätze zu überwachen, die Geschäftsführung der Vorsitzenden der Veranlagungskommissionen zu beaufsichtigen und für die rechtzeitige Vollendung des Veranlagungsgeschäfts zu sorgen.

1a) Vgl. Art. 65 d. A.

1b) Der Vorsitzende der Berufungskommission führt die Aufsicht über die Geschäftsführung der Vorsitzenden der Veranlagungskommissionen. Vermöge seines Aufsichtsrechtes kann er die Vorsitzenden der Veranlagungskommissionen mit Anweisungen versehen, sie zur Erfüllung ihrer Pflichten anhalten und nöthigenfalls zur Durchführung der innerhalb seiner Zuständigkeit getroffenen Anordnungen die nach Maßgabe der allgemeinen Bestimmungen und der Verf. v. 5. Juli 1866 (MBl. d. i. V. S. 133) zulässigen Zwangsmittel anwenden. E. d. M. d. J. u. des FM. v. 17. Dez. 1894, Mitth.H. 30 S. 31.

§ 43.

Die Berufungskommission entscheidet[1][2]) über alle gegen das Verfahren und die Entscheidungen der Veranlagungskommissionen angebrachten Beschwerden und Berufungen.

Behufs Prüfung der Berufungen können die Berufungskommission und deren Vorsitzender eine genaue Feststellung der Vermögens- und Einkommensverhältnisse der Steuerpflichtigen veranlassen.[3]) Dabei sind sie befugt, von den zu diesem Zweck den Veranlagungskommissionen und deren Vorsitzenden zustehenden Hülfsmitteln (§. 35 Absatz 4, 5 und 6, §. 38) Gebrauch zu machen.

Die Berufungskommission und deren Vorsitzender können ferner die eidliche Bekräftigung des Zeugnisses oder Gutachtens der vernommenen Zeugen beziehungsweise Sachverständigen vor dem zuständigen Amtsgericht erfordern.[4])

Die Berufungskommission hat die Personenstands- und Einkommensnachweisungen sorgfältig zu prüfen; die von ihr gezogenen Erinnerungen

sind bei der Veranlagung für das nächste Steuerjahr zu beachten.

1a) Der Entscheidung der Berufungskommission sind Gründe beizugeben. Entsch. d. OVG. v. 29. Sept. 1892, Entsch. i. St. Bd. I S. 4.

1b) Die Begründung der Berufungsentscheidung muß ergeben, ob die Berufungskommission die ihrer Entscheidung nicht zu Grunde gelegten Behauptungen des Steuerpflichtigen für thatsächlich unrichtig oder für unerheblich erachtet hat. Entsch. d. OVG. v. 12. Dez. 1892, Entsch. i. St. Bd. I S. 75.

1c) Aus der Berufungsentscheidung muß zu erkennen sein, mit welchen Einnahmequellen die Berufungskommission gerechnet hat. Entsch. d. OVG. v. 20. Jan. 1893, Entsch. i. St. Bd. I S. 129.

1d) Die Entscheidung der Berufungskommission hat Abweichungen von der Steuererklärung, die sie als geboten erachtet, thatsächlich und rechtlich zu begründen. Entsch. d. OVG. v. 6. Febr. 1893, Entsch. i. St. Bd. I S. 159.

1e) Ist die Berufung nur von dem Steuerpflichtigen wegen angeblich zu hoher Veranlagung eingelegt, so ist eine Erhöhung des Steuersatzes im Berufungsverfahren unzulässig. Entsch. d. OVG v. 14. Febr. 1893, Entsch. i. St. Bd. I S. 181. FME. v. 27. Mai 1893, Mitth.H. 25 S. 71. Auch bei Einlegung der Berufung seitens des Steuerpflichtigen wegen zu niedriger Veranlagung darf über dessen Antrag nicht hinausgegangen werden. Entsch. d. OVG. v. 17. Juni 1893, Entsch. i. St. Bd. II S. 70.

1f) Zulässig ist auch eine Berufung des Steuerpflichtigen wegen zu niedriger Veranlagung; vgl. FME. v. 27. Mai 1892, Mitth.H. 25 S. 71 und ebenso auch wegen Nichtveranlagung trotz Angabe eines steuerpflichtigen Einkommens. Vgl. FME. v. 2. Nov. 1890, Mitth.H. 29 S. 14.

2a) Die Prüfung der Einkommensnachweisung durch die Berufungskommission darf namentlich dann nicht unterbleiben, wenn der Steuerpflichtige bestimmte Angaben, z. B. über den Umfang des Grundbesitzes, macht, die von den Angaben der Nachweisung abweichen. Entsch. d. OVG. v. 3. Nov. 1892, Entsch. i. St. Bd. I S. 29.

2b) Macht der Steuerpflichtige bestimmte Angaben über die Höhe seines Kapitalvermögens oder des Einkommens aus dieser Quelle mit dem Erbieten zum näheren Nachweise seiner Angaben, so darf die Berufungskommission dieselben nicht unbeachtet lassen, ohne die zur Aufklärung des Thatbestandes ihr zu Gebote stehenden Hülfsmittel anzuwenden. Entsch. d. OVG. v. 6. Okt. 1892, Entsch. i. St. Bd. I S. 10.

2c) Wo die Möglichkeit besteht, an der Hand der von dem Pflichtigen angeführten Thatsachen das Einkommen aus selbstbewirthschaftetem Grundbesitze nach seiner konkreten Entstehung und seinem Umfange festzustellen, da ist eine summarische Schätzung nicht am Platze. Entsch. d. OVG. v. 9. Jan. 1893, Entsch. i. St. Bd. I S. 91.

2d) Das Verfahren leidet an einem wesentlichen Mangel, wenn die Berufungskommission die bestimmten Angaben eines öffentlichen Beamten über sein Diensteinkommen bei der Entscheidung unbeachtet läßt, ohne zuvor die Anstellungs- und Gehaltsverhältnisse desselben durch Einholung einer amtlichen Auskunft der vorgesetzten Dienstbehörde oder auf andere geeignete Weise festzustellen. Entsch. d. OVG. v. 24. Jan. 1893, Entsch. i. St. Bd. I S. 135.

2e) Will die Berufungskommission die Schätzung der Veranlagungskommission nur im Hinblick auf den Aufwand des Steuerpflichtigen aufrechterhalten, so muß sie zuvor die ihr gegebenen Mittel zur Aufklärung der Einkommensverhältnisse anwenden. Eine Schätzung nach dem Aufwande ist überhaupt nur zulässig, wenn das Einkommen nach seinen einzelnen Quellen nicht mit genügender Sicherheit festzustellen ist. A. Art. 43. Entsch. d. OVG. v. 12. Dez. 1892, Entsch. i. St. Bd. I S. 70.

2f) Ein wesentlicher Mangel des Verfahrens liegt vor, wenn die Berufungskommission ohne Einsicht der in Bezug genommenen Bücher über die vom Censiten aufgestellte Berechnung der Erträge aus Grundbesitz oder Gewerbebetrieb hinweggeht. Entsch. d. OVG. v. 17. Jan. 1893, Entsch. i. St. Bd. I S. 119.

2g) Der Umstand, daß ein der deutschen Sprache nicht genügend mächtiger Censit seine Bücher in polnischer Sprache abfaßt, kann der Berufungskommission nicht die Befugniß geben, den Inhalt der Bücher unberücksichtigt zu lassen. FME. v. 8. März 1894, Mitth.H. 30 S. 9.

2h) Um die Verpflichtung zur Entrichtung von Schuldenzinsen oder zur Leistung eines Altentheils nachzuweisen, kann auch Zeugenbeweis als Beweismittel dienen. Entsch. d. OVG. v. 14. Mai 1895 u. v. 29. April 1895, Entsch. i. St. Bd. IV S. 58 u. 60.

3a) Der Berufungskommission in Ermangelung anderer Mittel zur Ergründung der Wahrheit die Berechtigung zu geben, den Steuerpflichtigen oder dessen gesetzlichen Vertreter zur Bekräftigung der von ihm selbstgemachten Angaben durch Versicherung an Eidesstatt aufzufordern, ist vom Abgeordneten-Hause in der Sitz. v. 20. Febr. 1891 ausdrücklich abgelehnt worden. Freiwillig abgegebene eidesstattliche Versicherungen sind als nicht geschehen zu betrachten. Art. 66 Ziffer 2 Abs. 2 u. Art. 57 III d. A.

3b) Der Steuerpflichtige ist verpflichtet, der Kommission oder deren Vorsitzenden oder einem hierzu beauftragten Mitgliede der ersteren seine Geschäftsbücher vorzulegen, nicht aber einem Dritten, der etwa, ohne Mitglied der Kommission zu sein oder zu den bei der Steuerveranlagung betheiligten Beamten zu gehören, von der Kommission mit der Einsicht der Bücher betraut werden sollte. Entsch. d. OVG. v. 10. Febr. 1893, Entsch. i. St. Bd. I S. 171.

3c) Die Berufungskommission ist befugt, vom Steuerpflichtigen die Vorlegung der Geschäftsbücher zu verlangen, nicht aber die Einsendung, wobei der Steuerpflichtige zeitweise die Gewahrsam der Bücher verliert. Andererseits kann der Steuerpflichtige nicht verlangen, daß die Einsicht der Bücher in seinem Hause vorgenommen werden soll. Entsch. d. OVG. v. 23. Febr. 1893, Entsch. i. St. Bd. I S. 191 u. v. 30. Okt. 1893, Entsch. i. St. Bd. II S. 291. FME. v. 10. Juni 1893, Mitth.H. 29 S. 10.

3d) Weigert sich der Steuerpflichtige dem Verlangen auf Büchervorlage nachzukommen, so muß von der Benutzung dieses Hülfsmittels Abstand genommen und die Entscheidung nach Lage der sonstigen Umstände nach pflichtmäßigem Ermessen getroffen werden. FME. v. 31. Okt. 1892, Mitth.H. 25 S. 52.

3e) Wenn ein Censit sich darauf beschränkt, der Veranlagungsbehörde die Einsichtnahme seiner Bücher anzubieten, damit diese einen bestimmten Betrag als die Höhe des Einkommens aus denselben feststelle, so ist dies eine unvollkommene, der Ergänzung bedürftige Beweisantretung. Censit hat auf Verlangen eine die relevanten, aus den Büchern zu erweisenden Einnahme- u. Ausgabe-Positionen enthaltende Aufstellung vorzulegen, worauf demnächst die Vergleichung der Positionen dieser Aufstellung mit den Büchern zu erfolgen hat. Entsch. d. OVG. v. 22. Febr. 1894, Entsch. i. St. Bd. II S. 432 u. FME. v. 24. Aug. 1894, Mitth.H. 30 S. 7.

Die Befugniß der Berufungskommission, vom Steuerpflichtigen zum Zwecke der Vorbereitung oder der Ergänzung des Bücherbeweises Auszüge, Zusammenstellungen und Erläuterungen zu verlangen ist aber nicht unbeschränkt, sondern durch Nothwendigkeit und Zweckdienlichkeit der Maßregel begrenzt. Siehe Entsch. d. OVG. v. 3. Nov. u. 29. Dez. 1896, Entsch. i. St. Bd. V S. 239 ff.

3f) Den Vorschriften über das Veranlagungsverfahren entspricht es nicht, daß ein Steuerpflichtiger, der Berufung eingelegt hat und einer zunächst nur vom Vorsitzenden der Veranlagungskommission erlassenen Auflage zur Vorlegung von Geschäftsbüchern keine Folge leistet, das Recht verliert, mit seinen Beweisanträgen in dem Berufungsverfahren fernerhin gehört zu werden. Entsch. d. OVG. v. 9. Jan. 1893, Entsch. i. St. Bd. I S. 94.

3g) Der Vorsitzende der Veranlagungskommission ist nicht befugt, in der Berufungsinstanz noch eine Steuererklärung zu erfordern. Entsch. d. OVG. v. 24. Jan. 1893, Entsch. i. St. Bd. I S. 142.

3h) Erklärungen des Steuerpflichtigen bezw. Ergebnisse von Beweisaufnahmen müssen förmlich festgestellt (zu Protokoll genommen) sein, wenn sie in der Berufungsentscheidung gegen den Steuerpflichtigen verwerthet werden sollen. Entsch. d. OVG. v. 14. und 21. April 1893, Entsch. i. St. Bd. I S. 349 u. 350.

3i) Die Berufungskommission kann zu ihrer Information Sachverständige hören. Eine Verpflichtung, den Steuerpflichtigen die der Entscheidung zu Grunde gelegten Gutachten vorgängig zur Erklärung mitzutheilen, besteht nicht. Entsch. d. OVG. v. 27. Sept. 1893, Entsch. i. St. Bd. II S. 194.

4) Zwangsmittel gegen Zeugen oder Sachverständige stehen der Berufungskommission oder deren Vorsitzenden nicht zu. Weigert sich ein Zeuge oder Sachverständiger, sein Zeugniß oder Gutachten abzulegen, so bleibt nur übrig, das zuständige Amtsgericht um die betreffende

Vernehmung zu ersuchen, welches letztere nach Analogie der §§ 69 und 77 der Strafprozeßordnung über die Berechtigung der Weigerung und über die dem Zeugen bezw. Sachverständigen anzudrohenden und eventuell gegen ihn festzusetzenden Strafen seinerseits Bestimmung zu treffen haben wird. FME. v. 27. Juli 1894, Mitth. H. 30 S. 9.

b) **Beschwerde.**

§ 44.

Gegen die Entscheidung der Berufungskommission steht sowohl den Steuerpflichtigen, als auch dem Vorsitzenden der Berufungskommission die Beschwerde an das Oberverwaltungsgericht zu.[1] **Die Beschwerde ist innerhalb der im §. 40 bestimmten Frist,**[2] **seitens des Vorsitzenden der Berufungskommission bei dem Oberverwaltungsgericht, seitens der Steuerpflichtigen bei dem Vorsitzenden der Berufungskommission**[3] **anzubringen und kann nur**[4] **darauf gestützt werden:**

1) **daß die angefochtene Entscheidung auf der Nichtanwendung oder auf der unrichtigen Anwendung des bestehenden Rechts, insbesondere auch der von den Behörden innerhalb ihrer Zuständigkeit erlassenen Verordnungen beruhe;**
2) **daß das Verfahren an wesentlichen Mängeln leide.**

In der Beschwerde ist anzugeben, worin die behauptete Nichtanwendung oder unrichtige Anwen-

dung des bestehenden Rechts, oder worin die behaupteten Mängel des Verfahrens gefunden werden.

1) Für den Anspruch auf Verzinsung eines überhobenen Einkommensteuerbetrages ist der Rechtsweg unzulässig. Erk. d. Kgl. Gerichtshofes zur Entsch. d. Kompetenz-Konflikte v. 12. Dez. 1896. Zu vgl. Mitth.H. 34 S. 30.

2) Vgl. Anm. 2a u. folg. zu § 40 des Ges.

3) Gegen Entscheidungen der Berufungskommission eingelegte Beschwerden sind stets, auch wenn sie verspätet eingegangen sind, dem Kgl. OVG. vorzulegen. FME. v. 11. Okt. 1893, Mitth.H. 29 S. 13.

4a) Gegen die Entscheidung der Berufungskommission über den Kostenpunkt allein findet Beschwerde an das OVG. nicht statt. Entsch. d. OVG. v. 14. Febr. 1895, Entsch. i. St. Bd. III S. 204.

4b) Die Prüfung in der Beschwerdeinstanz erstreckt sich nur auf das bei der Fällung der angefochtenen Entscheidung beigebrachte und bekannte thatsächliche Material. Anführung neuer Thatsachen oder Beweismittel in der Beschwerdeschrift ist unwirksam. Entsch. d. OVG. v. 6. u. 23. Febr. 1893, Entsch. i. St. Bd. I S. 188.

4c) Die in der Beschwerdeschrift aufgestellte Behauptung, daß das Ergebniß der Schätzung unrichtig sei, ist zur Begründung der Beschwerde nach § 44 des Ges. nicht geeignet. Entsch. d. OVG. v. 3. Nov. 1892, Entsch. i. St. Bd. I S. 33.

§ 45.

Der Vorsitzende der Berufungskommission überreicht die bei ihm eingegangene Beschwerde des Steuerpflichtigen mit seiner Gegenerklärung, soweit er solche für erforderlich erachtet, dem Oberver-

waltungsgericht. Die Beschwerde des Vorsitzenden der Berufungskommission wird dem Steuerpflichtigen zur schriftlichen Gegenerklärung innerhalb einer bestimmten, von einer bis zu vier Wochen zu bemessenden Frist zugefertigt.

§ 46.

Das Oberverwaltungsgericht erläßt seine Entscheidungen in nicht öffentlicher Sitzung, der Regel nach ohne vorherige mündliche Anhörung des Steuerpflichtigen.

Es kann jedoch dem Steuerpflichtigen von Amtswegen oder auf Antrag Gelegenheit zur persönlichen Verhandlung über den Gegenstand der Beschwerde gewähren.

Bei seiner Entscheidung ist es an diejenigen Gründe nicht gebunden, welche zur Rechtfertigung der gestellten Anträge geltend gemacht worden sind.

§ 47.

Erachtet das Oberverwaltungsgericht die Beschwerde für begründet, so kann es die Angelegenheit zur anderweiten Entscheidung an die Berufungskommission zurückgeben oder selbst die Steuerfestsetzung berichtigen. Im ersteren Falle sind die von dem Gerichtshofe über die Auslegung und Anwendung der gesetzlichen Vorschriften gegebenen Weisungen zu befolgen.

§ 48.

Ueber Beschwerden, welche das Verfahren des Vorsitzenden der Berufungskommission aus Anlaß der nach §. 44 eingereichten Beschwerden betreffen, beschließt das Oberverwaltungsgericht.

§ 49.

Im Uebrigen finden auf das Verfahren zum Zwecke der Entscheidung über die Beschwerden (§. 44) die über das Verwaltungsstreitverfahren auf Klagen vor dem Oberverwaltungsgerichte bestehenden gesetzlichen Bestimmungen, insbesondere diejenigen des Gesetzes über die allgemeine Landesverwaltung vom 30. Juli 1883 (Gesetz-Samml. S. 195), des Gesetzes, betreffend die Verfassung der Verwaltungsgerichte ꝛc., vom $\frac{\text{3. Juli 1875}}{\text{2. August 1880}}$ (Gesetz-Samml. 1880 S. 328) und des Gesetzes zur Abänderung des §. 29 des letzteren vom 27. Mai 1888 (Gesetz-Samml. S. 226) mit der Maßgabe sinngemäße Anwendung,[1]) daß die Erhebung eines Pauschquantums[2]) auch dann stattfindet, wenn die Entscheidung ohne vorgängige mündliche Verhandlung erfolgt ist, und daß ein Anspruch auf Ersatz der Anwaltsgebühren nicht stattfindet.

1) Zu vgl. jedoch Ges. v. 26. März 1893 zur Abänderung der §§ 26—30 des Ges. v. $\frac{\text{3. Juli 1875}}{\text{2. Aug. 1880}}$ (Eintheilung der Senate des OVG. in Kammern).

2) Ueber Verrechnung und Einziehung der von dem Königlichen Oberverwaltungsgerichte in Einkommensteuerbeschwerdesachen festgesetzten Kosten und baaren Auslagen zu vgl. ME. v. 28. Sept. 1892, Mitth.H. 25 S. 91.

6. Geschäftsordnung der Kommissionen.

§ 50.

Für sämmtliche Vorsitzende und Mitglieder der Voreinschätzungs-, Veranlagungs- und Berufungskommissionen sind Stellvertreter[1]) in gleicher Weise wie die Vorsitzenden oder Mitglieder zu ernennen beziehungsweise zu wählen. Die Bestimmungen im §. 34 Absatz 3 finden auf die Stellvertreter entsprechende Anwendung.

Wegen Annahme und Ablehnung der nach den Vorschriften dieses Gesetzes stattfindenden Ernennungen und Wahlen finden die Bestimmungen der §§. 8, 25 der Kreisordnung vom 13. Dezember 1872 (Gesetz-Samml. S. 661) sinngemäße Anwendung.[2])

Als Mitglieder der Kommissionen sind, abgesehen von den durch die bezüglichen Bestimmungen vorgeschriebenen besonderen Voraussetzungen, nur solche Personen wählbar, welche das fünfundzwanzigste Lebensjahr vollendet haben und sich im Besitze der bürgerlichen Ehrenrechte befinden.

1) Die Ernennung und Wahl von Stellvertretern findet nicht in dem Sinne statt, daß für jedes Mitglied persönlich ein bestimmter Stellvertreter ernannt oder

gewählt wird; nur das Verhältniß in der Zahl der zu wählenden und zu ernennenden Stellvertreter ist in gleicher Weise wie bei den Mitgliedern festzusetzen. Auch darf für ein gewähltes Mitglied nur ein gewählter, für ein ernanntes Mitglied nur ein ernannter Stellvertreter einberufen werden. FME. v. 19. Juni 1891 Ziffer 7. Mitth.H. 25 S. 18.

2a) Danach gilt über zulässige Ablehnungsgründe Folgendes:

a) Es berechtigen zur Ablehnung:
   1. Anhaltende Krankheit,
   2. Geschäfte, die eine häufige oder lange andauernde Abwesenheit vom Wohnorte mit sich bringen,
   3. das Alter von 60 Jahren,
   4. die Verwaltung eines unmittelbaren Staatsamtes,
   5. sonstige besondere Verhältnisse, welche eine gültige Entschuldigung begründen;
b) wenn die Amtsdauer mehr als 3 Jahre beträgt, so kann das Amt nach Ablauf von 3 Jahren niedergelegt werden,
c) wer das Amt während der vorgeschriebenen Dauer versehen hat, kann die Uebernahme desselben oder eines gleichartigen für die nächsten 3 Jahre ablehnen.

Auf unbegründete Ablehnung ist als Rechtsnachtheil gesetzt:

a) Ausschluß von der Ausübung des Rechts auf Theilnahme an der Vertretung und Verwaltung des Kreises, bezw. der Gemeinde auf die Dauer von 3—6 Jahren,
b) stärkere Heranziehung (um $^1/_8$—$^1/_4$ stärker als die übrigen Kreis- bezw. Gemeindeangehörigen) zu den Kreis- bezw. Gemeindeabgaben auf dieselbe Dauer.

2b) Ueber die Berechtigung der Ablehnung einer Wahl zum Mitgliede der Berufungskommission entscheidet der Provinzialausschuß. FME. v. 15. Dez. 1894, Mitth.H. 30 S. 27.

§ 51.[1])

Die Vorsitzenden der Kommissionen haben die letzteren zusammenzuberufen,[2]) deren Geschäfte vorzubereiten und zu leiten, sowie die nicht von ihnen durch Einlegung von Rechtsmitteln angefochtenen Kommissionsbeschlüsse auszuführen.

Nach Bedürfniß können zur Erledigung der den Kommissionen obliegenden Geschäfte Unterkommissionen gebildet werden.

Die Kommissionen beziehungsweise Unterkommissionen fassen ihre Beschlüsse nach Stimmenmehrheit. Dem Vorsitzenden steht volles Stimmrecht[3]) zu. Bei Stimmengleichheit entscheidet die Stimme des Vorsitzenden.

So lange über die Einschätzung oder Berufung eines Kommissionsmitgliedes oder seiner Verwandten oder Verschwägerten in auf- und absteigender Linie oder bis zum dritten Grade[4]) der Seitenlinien berathen und abgestimmt wird, hat dasselbe abzutreten.[5])

Ergeben sich diese Voraussetzungen hinsichtlich der Person des Vorsitzenden, so hat derselbe die Führung des Vorsitzes Einem der Kommissionsmitglieder zu übertragen.

Die Ausfertigung der Kommissionsbeschlüsse und Entscheidungen sind von dem Vorsitzenden zu vollziehen.

1) Vgl. Art. 68—70 d. A.

2) Es entspricht der Bestimmung im § 51 des Ges. v. 24. Juni 1891, bezw. Art. 68 der Anweisung v. 5. Aug. 1891, daß zu den Sitzungen sämmtliche Mitglieder der Berufungskommission eingeladen werden. Die Einberufung der Stellvertreter wird in Gemäßheit der Vorschriften im Abs. 5 u. 6 des Art. 68 der A. der Regel nach auf Fälle dauernder Behinderung eines oder mehrerer Mitglieder zu beschränken sein. FME. v. 9. Nov. 1892, Mitth.H. 25 S. 32. Diese Verfügung bezieht sich aber nur auf Sitzungen der Gesammtkommission. Sind Unterkommissionen gebildet, so genügt es natürlich, daß die Mitglieder der einzelnen Unterkommission eingeladen werden. Nicht zulässig ist es nur, ohne vorhergegangene Bildung von Unterkommissionen bei der Einladung zu einer Sitzung einen Theil der Mitglieder willkürlich zu übergehen. FME. v. 14. Juni 1893, Mitth.H. 29 S. 11.

3) Die Beilegung des vollen Stimmrechtes an den Vorsitzenden ist eine Abweichung von dem früheren Rechte.

4) Vgl. ALR. Th. I Tit. 1 § 45: Die Grade der Verwandtschaft werden durch die Zahl der Geburten bestimmt, mittelst welcher zwei verwandte Personen auf einen gemeinschaftlichen Ursprung sich beziehen.

5) Ein Mitglied der Veranlagungs- bezw. Berufungskommission darf an der Berathung und Beschlußfassung in denjenigen Sachen nicht Theil nehmen, in denen er als Mitglied der Voreinschätzungs- bezw. Veranlagungskommission mitgewirkt hat. Zu vgl. FME. v. 19. Juni 1891, Mitth.H. 25 S. 18, und v. 23. Juli 1892, Mitth.H. 25 S. 30.

§ 52.

Die Mitglieder der Kommissionen haben dem Vorsitzenden mittelst Handschlages an Eidesstatt zu geloben, daß sie bei den Kommissionsverhandlungen ohne Ansehen der Person, nach bestem Wissen und Gewissen verfahren und die Verhandlungen sowie die hierbei zu ihrer Kenntniß gelangenden Verhältnisse der Steuerpflichtigen strengstens geheim halten werden.

Das gleiche Gelöbniß haben vor einem von der Regierung zu ernennenden Kommissar diejenigen Vorsitzenden abzulegen, welche nicht schon als Beamte vereidigt sind.

Die bei der Steuerveranlagung betheiligten Beamten sind zur Geheimhaltung der Kommissionsverhandlungen sowie der zu ihrer Kenntniß gelangenden Verhältnisse der Steuerpflichtigen kraft des von ihnen geleisteten Amtseides verpflichtet. Die Steuererklärungen sind unter Verschluß aufzubewahren und dürfen, ebenso wie die Kommissionsverhandlungen über dieselben nur zur Kenntniß [1]) durch ihren Amtseid zur Geheimhaltung verpflichteter Beamten gelangen.

1) Nach einer Erklärung des Herrn Regierungs-Vertreters (Komm.-Bericht v. 2. Febr. 1891 S. 39) ist von dem Inhalte der Steuererklärungen auch den Voreinschätzungskommissionen keine Kenntniß zu geben.

§ 53.

Die von den Vorsitzenden der Kommissionen zu bewirkenden Zustellungen [1]) an Steuerpflichtige sind durch einen öffentlichen Beamten unter Bescheinigung [2]) der Behändigung auszuführen. Die Post kann um die Bewirkung der Zustellung ersucht werden. In beiden Fällen gilt die Zustellung für vollzogen, auch wenn die Annahme verweigert wird.

Sind Wohnsitz und Aufenthalt eines Steuerpflichtigen unbekannt, so kann die Zustellung an denselben durch Anheftung des zuzustellenden Schriftstückes an der zu Aushängen der Gemeinde des Veranlagungsortes bestimmten Stelle erfolgen. Die Zustellung gilt für vollzogen, wenn seit der Anheftung zwei Wochen verstrichen sind. Auf die Gültigkeit der Zustellung hat es keinen Einfluß, wenn das Schriftstück von dem Orte der Anheftung zu früh entfernt wird.

Die außerhalb Preußens [3]) zu bewirkenden Zustellungen können mittelst eingeschriebener Briefe erfolgen. Die Zustellung gilt mit der Aufgabe zur Post für vollzogen.

1 a) Vgl. Art. 71 d. A.

1 b) Zu vgl. ferner §§ 9—16 der Verordn. v. 7. Sept. 1879, betreffend das Verwaltungszwangsverfahren (GS. S. 591). Nach § 12 daselbst gelten für die Ausführung der Zustellungen die §§ 165—170 CPO. Von diesen bestimmt § 166: „Wird die Person, welcher zugestellt werden soll, in ihrer Wohnung nicht angetroffen, so

kann die Zustellung in der Wohnung an einen zu der Familie gehörenden erwachsenen Hausgenossen oder an eine in der Familie dienende erwachsene Person erfolgen.

Wird eine solche Person nicht angetroffen, so kann die Zustellung an den in demselben Hause wohnenden Hauswirth oder Vermiether erfolgen, wenn diese zur Annahme des Schriftstückes bereit sind."

1 c) In Betreff der Zustellung ist ein Hausverwalter als solcher nicht eine für die Bewohner des Hauses empfangsberechtigte Person. Entsch. d. OVG. v. 27. Febr. 1893, Entsch. i. St. Bd. I S. 209.

2) Ueber den nothwendigen Inhalt der Bescheinigung zu vgl. Entsch. d. OVG. v. 25. Febr. 1898, Entsch. i. St. Bd. VI S. 302.

3 a) Innerhalb Preußens genügt eine Zusendung durch eingeschriebenen Brief nicht, um eine rechtsgültige Zustellung zu bewirken. Entsch. d. OVG. v. 14. Juni 1893, Entsch. i. St. Bd. II S. 65.

3 b) Die Zustellung der Benachrichtigungsschreiben an die Offiziere und Beamten, welche sich auf den außerhalb der heimischen Gewässer fahrenden Schiffen der Kaiserl. Marine befinden, erfolgt durch Ueberreichung dieser Benachrichtigungsschreiben an die Kaiserl. Admiralität. (FME. v. 28. Mai 1888 — II. 6269 —.)

3 c) Ueber Zustellungen im Auslande siehe FME. v. 26. Aug. 1892, Mitth.H. 25 S. 69.

§ 54.

Unterläßt der berechtigte Kommunalverband, ungeachtet gehöriger Aufforderung, die Wahl der Kommissionsmitglieder, oder verweigert eine Kommission die Erledigung der ihr übertragenen Geschäfte, so sind diese für die betreffende Veran-

lagungsperiode auf Verfügung der Aufsichtsbehörde von dem Vorsitzenden wahrzunehmen. Vor Beginn des nächsten Veranlagungsgeschäfts hat eine Neuwahl der wählbaren Kommissionsmitglieder zu erfolgen.

IV. Oberaufsicht.

§ 55.

Die oberste Leitung des Veranlagungsgeschäfts im Staate gebührt dem Finanzminister, welcher zugleich über Beschwerden gegen das Verfahren der Berufungskommissionen und der Vorsitzenden derselben, mit Ausnahme der Rechtsmittel (§. 44) zu entscheiden hat.

V. Veränderung der veranlagten Steuer innerhalb des Steuerjahres.

§ 56.

Die Veranlagung der Einkommensteuer erfolgt für jedes Rechnungsjahr (Steuerjahr).[1])

1) Das Steuerjahr ist das Etatsjahr und läuft vom 1. April bis letzten März. Siehe Ges. v. 29. Juni und v. 12. Juli 1876 (GS. S. 177 u. 288). Für die Bezeichnung des Etatsjahres und des sich damit deckenden Steuerjahres, Veranlagungsjahres, Rechnungsjahres ist vom 1. April 1899 ab nur eine Jahresziffer zu verwenden und zwar diejenige, die den größten Theil des Etatsjahres, Steuerjahres, Veranlagungsjahres, Rechnungsjahres — also die Zeit vom 1. April bis 31. Dezember — umfaßt. FME. v. 6. Juni 1898 II. 5227.

§ 57.

Die Vermehrung des Einkommens während des laufenden Steuerjahres begründet keine Veränderung in der schon erfolgten Veranlagung.[1][2]) Tritt die Vermehrung in Folge eines Erbanfalles[3])[4]) ein, so sind die Erben entsprechend der Vermehrung ihres Einkommens anderweit zu veranlagen und zur Entrichtung der Steuer von dem Beginne des auf den Anfall der Erbschaft folgenden Monats ab verpflichtet.[5])

1a) Als „veranlagt" gelten nach Plenarentscheidung des OVG. auch diejenigen Personen, welche in den Personenverzeichnissen individuell als subjektive Steuerpflichtige aufgeführt, aber von der Staatseinkommensteuer freigelassen sind, weil ihr Einkommen den Jahresbetrag von 900 Mark nicht übersteigt. Demgemäß ist die M.A. zu Art. 72 d. A. durch FME. v. 20. März 1897, Mitth.H. 34 S. 27, außer Kraft gesetzt worden. Siehe Entsch. d. OVG. v. 27. Nov. 1896, Entsch. i. St. Bd. V S. 257.

1b) Als „veranlagt" gilt auch derjenige Censit, der ursprünglich mit einem Steuersatze veranlagt, dann durch Entscheidung der Regierung im Ermäßigungsverfahren freigestellt worden ist. Ein solcher kann, wenn er im Laufe des Steuerjahres wieder zu steuerpflichtigem Einkommen gelangt, für das betr. Steuerjahr nicht mehr im Zugangswege (auf Grund des § 59 bezw. des § 80 des Einkst.Ges.) veranlagt werden. Entsch. d. OVG. v. 25. März 1896, Mitth.H. 33 S. 35.

2) Im Falle einer Verheirathung während des Steuerjahres werden die Steuern beider Ehegatten bis zum Ablauf des Steuerjahres forterhoben (Komm.-Ber. d. HH. S. 13). Zu vgl. Art. 78 letzter Abs. d. A., auch FME. v. 6. Mai 1898, Mitth.H. 35 S. 34. Siehe auch FME. v. 10. Jan. 1899 II 13350, der diese Auffassung trotz gegentheiliger Entsch. d. OVG. aufrecht erhält. Ein „Wegfall" des steuerpflichtigen Einkommens im Sinne der Bestimmung des Art. 78 II Nr. 4a d. A. v. 31. Aug.

1894 liegt nur vor, wenn das veranlagte Einkommen der nunmehrigen Ehefrau durch die Verheirathung überhaupt erloschen ist, nicht aber schon dann, wenn das Einkommen nur in Verwaltung und Nießbrauch des Mannes übergegangen ist. Erfolgt die Verheirathung aber vor Beginn des Steuerjahres, so ist die bereits veranlagte Steuer der Frau stets aus Art. 78 I Nr. 1 a. a. O. in Abgang zu stellen. FME. v. 3. Mai 1897, Mitth.H. 35 S. 35.

3a) Anderweite Veranlagung wegen Vermehrung des Einkommens in Folge Erbanfalls während des Steuerjahres trifft nur den Universalsuccessor, nicht aber den Vermächtnißnehmer. Entsch. d. OVG. v. 20. Nov. 1894, Entsch. i. St. Bd. III S. 125.

3b) Nach einem Erbanfalle hat eine Neuveranlagung der Erben zu erfolgen, sobald die Vermehrung ihres Einkommens festgestellt ist, auch wenn eine formelle Erbschaftsregulirung noch nicht stattgefunden hat. (Komm.-Ber. d. H.H. S. 13.)

3c) Nicht der Bezug von Einkünften aus einer Erbschaft, sondern das Recht auf solchen Bezug ist für die Besteuerung entscheidend. Entsch. d. OVG. v. 7. Febr. 1893, Entsch. i. St. Bd. I S. 168. Auch Entsch. d. OVG. v. 10. Okt. 1893, Entsch. i. St. Bd. II S. 244.

3d) Bei Nachveranlagung in Folge Erbanfalls ist die Einkommensvermehrung mit ihrem auf das ganze Steuerjahr zu berechnenden Betrage zu Grunde zu legen. Entsch. d. OVG. v. 11. Jan. 1894, Entsch. i. St. Bd. II S. 364.

3e) Bei anderweiter Veranlagung wegen Vermehrung des Einkommens während des Steuerjahres in Folge Erbanfalles ist auszugehen von der schon früher festgestellten, nicht mehr anfechtbaren Einkommenssumme und hinzuzurechnen die noch festzustellende Summe des ererbten Einkommens. Zu vgl. Entsch. d. OVG. v. 20. Nov. 1894, Entsch. i. St. Bd. III S. 130.

4a) Gemäß § 57 ist nur für dasjenige Steuerjahr, in welchem der Erbanfall stattgefunden hat, die Nachtragsveranlagung zu bewirken. Für spätere Jahre ist die Berichtigung nur auf Grund des § 80 herbeizuführen. Die Anwendung des § 57 aber auf solche Fälle zu beschränken, in denen die Nachveranlagung sich noch in dem zur Zeit des Erbanfalles laufenden Steuerjahre bewirken läßt, dazu liegt keine zwingende Veranlassung vor. „Laufendes Steuerjahr" im Sinne des § 57 ist nicht das zur Zeit der Nachbesteuerung, sondern das zur Zeit des Erbanfalles laufende Steuerjahr. Vgl. auch § 38 des Ergst.Ges., wo das analog vom Gesetzgeber Gewollte klarer zum Ausdruck kommt. Die auf § 57 gegründete Steuerforderung unterliegt der Verjährungs-Vorschrift des § 80 d. Einkst.-Ges. FME. v. 3. Jan. 1899 II. 13150.

4b) Der § 57 findet keine Anwendung, wenn durch den Tod eines Altentheilempfängers das Altentheil erlischt und dadurch eine Vermehrung des Einkommens des Steuerpflichtigen herbeigeführt wird. Denn die Vermehrung des Einkommens tritt als Folge der durch den Tod des Altentheilempfängers verursachten Beendigung des Altentheils und nicht als Folge des Erbganges ein. FME. v. 23. Juli 1894, Mitth.H. 30 S. 42. Entsch. d. OVG. v. 30. Nov. 1894, Entsch. i. St. Bd. III S. 129.

5) Die Kommunen waren früher nicht berechtigt, die wegen Erbschaft im Laufe des Jahres festgesetzten höheren Steuerbeträge mit Zuschlägen zu belegen. Entsch. d. OVG. v. 13. März 1894 (II. Senat). Vom 1. April 1895 ab gilt jedoch die Vorschrift des § 36 des Komm.Abg.Ges. v. 14. Juli 1893, welche lautet:

> „Die auf Grund der Einlegung von Rechtsmitteln, sowie die auf Grund der §§ 57, 58 des Einkommensteuergesetzes v. 24. Juni 1891 erfolgte Erhöhung und Ermäßigung der veranlagten Staatseinkommensteuer zieht die entsprechende Abänderung des Gemeindezuschlags nach sich."

§ 58.[1])

Wird nachgewiesen, daß während des laufenden Steuerjahres[2]) in Folge des Wegfalles[3]) einer Einnahmequelle[4]) oder in Folge außergewöhnlicher Unglücksfälle das Einkommen eines Steuerpflichtigen um mehr als den vierten Theil[5]) vermindert worden ist oder das wegfallende Einkommen anderweit zur Einkommensteuer herangezogen wird[6]) (§. 57), so kann vom Beginne des auf den Eintritt der Einkommensverminderung folgenden Monats ab eine dem verbliebenen Einkommen[7]) entsprechende Ermäßigung der Einkommensteuer beansprucht werden.[8])

1a) Zu vgl. Art. 73 d. A.

1b) Der § 58 findet auf nicht-physische Personen keine Anwendung. FME. v. 13. Jan. 1895, Mitth.H. 30 S. 41.

1c) Wegen örtlicher Zuständigkeit der Behörden zur Beschlußfassung über Ermäßigungsanträge aus § 58 siehe FME. v. 21. Sept. 1892, Mitth.H. 25 S. 17, und v. 2. Febr. 1895, Mitth.H. 33 S. 28.

2a) Treten nach geschehener Veranlagung bis zum Beginne (1. April) des Steuerjahres Aenderungen in dem vorausgesetzten Stande der Einnahme ein, so können dieselben nur im Wege der Rechtsmittel — also nicht gemäß § 58 des Ges. — geltend gemacht werden. Art. 5 Ziffer 1 d. A.

2b) Der bisherigen Praxis entsprechend sind Veränderungen, welche unmittelbar mit, aber nicht vor dem Beginn des Steuerjahres eintreten, im Wege der Ermäßigung zu berücksichtigen. FME. v. 27. Okt. 1892, Mitth.H. 25 S. 74.

2c) Bei einer mit dem 1. April in Kraft tretenden Pensionirung ist, insofern die sonstigen Voraussetzungen zutreffen, auf Antrag Ermäßigung nach § 58 des Einkommensteuerges. zu gewähren. FME. v. 31. Okt. 1892, Mitth.H. 25 S. 75. Auch FME. v. 22. Febr. 1898, Mitth.H. 35 S. 31.

3) Indem das Gesetz den Anspruch auf Erlaß nicht mehr wie früher an den „Verlust" (unfreiwillige Aufgabe) einer Einnahmequelle knüpft, sondern den „Wegfall" einer solchen für genügend erklärt, läßt es eine Voraussetzung fallen, welche bisher nicht selten die Ermäßigung in unbilliger Weise ausschloß und zu Mißdeutungen bei der praktischen Handhabung Anlaß gab. Außerdem ist der Ermäßigungsanspruch auf alle Fälle einer Einkommensminderung durch außergewöhnliche Unglücksfälle ausgedehnt, während solche früher nur einen Erlaß für die Klassensteuerpflichtigen begründeten.

4a) Einnahmequellen sind z. B. Kapitalsbeträge, von welchen die Zinsen, Grundstücke, deren Erträge veranschlagt werden, Gewerbebetrieb, aus welchem der Reinertrag veranschlagt wird. (FME. v. 30. Nov. 1854 — III. 29596 —.)

4b) Die kaufmännische Thätigkeit allein ist keine Erwerbsquelle, sondern das betriebene kaufmännische Gewerbe; durch eine Einstellung und Abmeldung eines Gewerbebetriebes fällt also eine Einnahmequelle weg. (FME. v. 26. Mai 1888 — II. 5848 —.)

4c) Wenn ein Gebäude in Folge Umbaus in keinem Theile nutzbar gemacht werden kann, liegt Wegfall der Einnahmequelle vor. FME. v. 14. April 1897, Mitth.H. 35 S. 30.

4d) Eine schließlich definitiv ausgefallene Hypothekenzinsforderung kann schon von dem Augenblicke an als „weggefallen" angesehen werden, wo die Zwangsverwaltung des betreffenden Grundstücks eingeleitet worden und der Zinsgenuß mithin verloren gegangen ist. FME. v. 5. Juni 1894, Mitth.H. 33 S. 28.

4e) Verpachtung früher selbstbewirthschafteten Grundbesitzes stellt nicht den Wegfall einer Einkommensquelle dar. FME. v. 16. Jan. 1897, Mitth.H. 34 S. 25.

4f) Bei einem Steuerpflichtigen, der zu Gunsten seiner Gläubiger von dem Betriebe des Gewerbes und von den Einkünften desselben in rechtsverbindlicher Form ausgeschlossen ist und von seinen Gläubigern nur ein Jahresgeld erhält, ist die Einnahmequelle aus Gewerbebetrieb von dem Zeitpunkt des Eintritts dieser geschäftlichen Disposition ab in Wegfall gekommen. FME. v. 14. Dez. 1894, Mitth.H. 34 S. 25.

4g) Bei einem Agenten, der in einen anderen Ort verzieht und dort sein Gewerbe weiter betreibt, ist der Wegfall einer Einnahmequelle nicht eingetreten. FME. v. 27. Okt. 1892, Mitth.H. 25 S. 74. Dagegen hat das OVG. entschieden, daß bei einem die Anwaltspraxis ausübenden Rechtsanwalte im Falle einer Wohnsitzverlegung der Wegfall der früheren und die Begründung einer neuen Einnahmequelle anzunehmen sei. Entsch. d. OVG. v. 20. Nov. 1893, Entsch. i. St. Bd. II S. 157. Und in analoger Anwendung hat der Finanzminister in dem Erlasse v. 2. Febr. 1894 (Mitth.H. 30 S. 39) anerkannt, daß bei einem Arzte, der durch den Umzug in eine andere Stadt seiner ärztlichen Praxis fast gänzlich verlustig gegangen ist, der Wegfall einer Einnahmequelle vorliegt.

4h) Tritt an Stelle eines Dienst- oder Lohnverhältnisses als Grubenarbeiter die Beschäftigung als gewöhnlicher ländlicher Arbeiter und wird dadurch eine dauernde und bedeutende Schmälerung des Arbeitsverdienstes herbeigeführt, so ist die Anwendung des § 58 nicht ausgeschlossen. FME. v. 24. Jan. 1893, Mitth.H. 26 S. 25.

4i) Die zur Deckung einer Schuld erfolgenden Gehaltsabzüge stellen den Wegfall einer Einnahmequelle nicht dar. FME. v. 2. Jan. 1893, Mitth.H. 26 S. 26.

4k) In der zeitweiligen Ertraglosigkeit von Aktien kann weder der Wegfall einer Einnahmequelle, noch ein außergewöhnlicher Unglücksfall im Sinne des § 58 des Einkommensteuergesetzes gefunden werden. FME. v. 19. Nov. 1892, Mitth.H. 26 S. 26.

4l) Die Voraussetzungen des Wegfalls einer Einnahmequelle treffen nicht zu, wenn die bei der Veranlagung vorhandenen Kapitalien ganz oder zum Theil blos zum Zweck einer anderweiten wirthschaftlichen Anlage, z. B. für den Ankauf eines Grundbesitzes eingezogen und verwendet worden sind. FME. v. 14. Aug. 1893, Mitth.H. 29 S. 18.

4m) Bei einem auf seine Arbeitskraft angewiesenen Steuerpflichtigen bildet Krankheit eine sich täglich erneuernde Ursache des Wegfalls der Einnahmequelle. Es ist daher für die Anwendung des § 58 unerheblich, ob der Steuerpflichtige bereits vor Beginn des Steuerjahres krank war oder nicht. FME. v. 14. Aug. 1893, Mitth.H. 29 S. 18.

4n) Ein Steuererlaß ist nicht schon deshalb für ausgeschlossen zu erachten, weil an die Stelle der früheren Einnahmequelle — (des Gastwirthschaftsbetriebes) — eine andere (der Zinsgenuß des Kaufgeldes getreten) ist. Der Steuererlaß kann vielmehr in diesem Falle, wo unzweifelhaft eine Einnahmequelle (der Gastwirthschaftsbetrieb) erloschen ist, nur deshalb beanstandet werden, weil die eingetretene Verminderung des Gesammteinkommens nicht mehr als ein Viertel desselben beträgt. (FME. v. 16. Okt. 1882 — II. 11370 —.)

5) Um festzustellen, ob eine die Steuerermäßigung auf Grund des § 58 des Einkommensteuergesetzes rechtfertigende Verminderung des Einkommens um mehr als den vierten Theil vorliegt, ist das Jahreseinkommen,

das der Steuerpflichtige vom Zeitpunkt der Verminderung ab bis zum Schlusse des betreffenden Rechnungsjahres wirklich noch bezieht, mit demjenigen Jahreseinkommen zu vergleichen, nach dem er für die Zeit bis zum Eintritt der Verminderung veranlagt war. Auch im letzten Quartale eines Etatsjahres kann hiernach sehr wohl eine Verminderung des Einkommens um mehr als den vierten Theil eintreten; es kommt nicht auf den absoluten Betrag des Einkommensausfalls an, sondern auf den Unterschied zwischen dem Jahreseinkommen vor und nach der Verminderung. Beispiele siehe in den FME. v. 10. Dez. 1894, Mitth.H. 30 S. 40 und v. 28. März 1898, Mitth.H. 35 S. 32.

6a) Zu vgl. Ber. d. Komm. d. H. d. Abg. S. 56. Wenn z. B. eine Ehefrau stirbt, so werden die Kinder derselben mit dem Einkommen aus ihren mütterlichen Erbtheilen nach § 57 für den Rest des Steuerjahres veranlagt, bei dem überlebenden Ehegatten, dessen veranlagtes Einkommen um den Gesammtbetrag des Einkommens aus den den Kindern zugefallenen Vermögenstheilen thatsächlich verringert wird, verhütet diese Vorschrift eine ungerechtfertigte, objektive Doppelbesteuerung.

6b) Ueber Beschränkung der Voraussetzung des § 58, „daß das wegfallende Einkommen anderweit herangezogen werde", auf Fälle des Erbganges ist zu vgl. der FME. v. 12. Nov. 1892, Mitth.H. 26 S. 26.

7a) Die Vorschrift, wonach ein dem „verbliebenen" Einkommen entsprechender Steuererlaß gewährt werden darf, steht der Berücksichtigung des Censiten auf Grund des § 19 des Einkommensteuergesetzes nicht entgegen. FME. v. 11. Nov. 1892, Mitth.H. 25 S. 75.

7b) Abgesehen von den in der FMV. v. 23. Febr. 1893 (Mitth.H. 26 S. 24) vorgesehenen Fällen, ist es nicht zulässig, bei der Feststellung des nach der eingetretenen Verminderung noch verbliebenen steuerpflichtigen Einkommens einen von dem fraglichen Ereignisse nicht betroffenen Theil desselben mit einem geringeren Betrage einzustellen, als bei der Veranlagung geschehen ist, wenn sich auch die Veranlagung als zu hoch erwiesen hat. Ebensowenig dürfen etwa bei der Veranlagung nicht berücksichtigte, aber schon vorhanden gewesene Schuldenzinsen nachträglich abgezogen werden. FME. v. 31. Juli 1897, Mitth.H. 35 S. 33.

8) Zu vgl. § 60 Abs. 1 des Ges.

§ 59.

Im Uebrigen tritt innerhalb des Steuerjahres eine Veränderung in den Steuerjahren nur ein entweder in Folge von Zugängen, indem Personen durch Zuzug aus anderen Bundesstaaten und aus dem Auslande, durch Austritt aus einer besteuerten Haushaltung, durch Ausscheiden aus dem Militärdienst u. s. w. steuerpflichtig werden, oder in Folge von Abgängen, indem bei Steuerpflichtigen die Voraussetzungen, an welche die Steuerpflicht geknüpft ist, erlöschen.[1])

Die Zu- und Abgangstellung erfolgt von dem Beginne des auf den Eintritt beziehungsweise das Erlöschen der Steuerpflicht folgenden Monats ab.

1) Das Nähere über Zugangs- und Abgangsfälle siehe Art. 76 u. 78 d. A., über die Behandlung der Zugänge Art. 77, über das Verfahren bei der Abgangstellung Art. 79, Feststellung der Zu- und Abgangslisten Art. 80 a. a. O.

§ 60.

Ueber die Steuerermäßigung (§. 58) hat die Regierung auf den bei dem Vorsitzenden der Veranlagungskommission zu stellenden Antrag[1]) zu befinden. Gegen ihre Entscheidung steht dem Steuerpflichtigen binnen einer Ausschlußfrist von vier Wochen die bei der Regierung einzulegende Beschwerde an den Finanzminister offen.[2])

In den Fällen der §§. 57 und 59 trifft der Vorsitzende der Veranlagungskommission die vorläufige Entscheidung[3]) über den zu entrichtenden Steuersatz und den Zeitpunkt der Zu- oder Abgangstellung.

Die Feststellung der Abgangslisten, welche in den vom Finanzminister zu bestimmenden Fristen einzureichen sind, steht der Regierung zu. Gegen die Entscheidung der Regierung ist die Beschwerde nach Maßgabe der Bestimmungen im Absatz 1 gestattet.

Die Veranlagung bei Zugangstellungen und Steuererhöhungen erfolgt halbjährlich.

Die Steuerpflichtigen[4]) sind nach Maßgabe des §. 25 zur Abgabe von Steuererklärungen berechtigt beziehungsweise verpflichtet.

1) Auch die Eröffnung des Konkurses über das Vermögen des Steuerpflichtigen führt nicht eine von Amts wegen wahrzunehmende Abgangstellung der veranlagten Steuer herbei, sondern ist nur auf Grund eines Antrages und unter Zugrundelegung des § 58 des Einkommensteuergesetzes zu berücksichtigen. FME. v. 18. Juli 1892, Mitth.H. 25 S. 79.

2) Zu vgl. Art. 74 d. A.

3) Zu vgl. Art. 77 d. A.

4) Sowohl in den Fällen des § 59 des Ges. wie auch bei Neuveranlagungen in Folge von Erbfällen aus § 57 des Ges.

§ 61.

Steuerpflichtige, welche im Laufe des Steuerjahres ihren Wohnsitz verändern, haben sich bei dem Gemeinde- (Guts-) vorstande des Abzugsortes ab- und bei dem des Anzugsortes, binnen vierzehn Tagen nach erfolgtem Anzuge, anzumelden und gleichzeitig über ihre erfolgte Veranlagung zur Einkommensteuer auszuweisen.[1])

Insofern die polizeiliche Ab- und Anmeldung nicht bei dem Gemeinde- (Guts-) vorstande, sondern bei einer anderen Behörde stattzufinden hat, vertritt die Ab- beziehungsweise Anmeldung bei der letzteren die Ab- beziehungsweise Anmeldung bei dem Gemeinde-(Guts-)vorstande.

Den Gemeinde-(Guts-)vorständen liegt nach den vom Finanzminister hierüber zu treffenden Anordnungen die Führung der Zu- und Abgangslisten ob.

1) Strafvorschrift vgl. § 68 Abs. 2.

VI. Steuererhebung.

§ 62.

Die veranlagte Steuer ist in vierteljährlichen Beträgen in der ersten Hälfte des zweiten Monats eines jeden Vierteljahres an die von der Steuerbehörde zu bezeichnende Empfangsstelle abzuführen.[1])

Es steht dem Steuerpflichtigen frei, die ihm auferlegte Steuer auf mehrere Vierteljahre bis zum ganzen Jahresbetrage im Voraus zu zahlen.

1a) Vgl. § 16 des Ges. v. 14. Juli 1893, wegen Aufhebung von Staatssteuern und Allgem. VO. v. 14. Dez. 1894, Mitth.H. 30 S. 61. Danach erfolgt jetzt die Hebung der Einkommensteuer überall durch die Gemeinden resp. Gutsbezirke und zwar ohne Vergütung.

1b) Vgl. Art. 82 d. A.

1c) Erfolgt die Zahlung der fälligen Einkommensteuer nicht rechtzeitig, so findet „Mahnung" statt und nach fruchtlosem Ablauf der Mahnfrist „Zwangsvollstreckung" nach den Bestimmungen der VO. v. 7. Sept. 1879, betr. das Verwaltungszwangsverfahren.

§ 63.

Die Zahlung der veranlagten Steuer wird durch die Einlegung von Rechtsmitteln nicht aufgehalten, muß vielmehr, mit Vorbehalt späterer Erstattung, in den vorgeschriebenen Fristen erfolgen.[1])

1) Die Stundung der Einkommensteuer dürfen die Regierungen nach Maßgabe der durch die Allerh. Kab. Ord. v. 31. Dez. 1825 genehmigten Geschäftsanweisung von demselben Tage bewilligen. Art. 82 Ziffer 5 d. A. Jene Vorschriften lauten:

Abschnitt I. C.: Stundungen darf die Abtheilung (für direkte Steuern, Domänen und Forsten) ohne höhere Genehmigung nur in folgenden Fällen bewilligen:

2c. 2c.

3. Außerdem kann die Abtheilung den Zahlungspflichtigen Stundung auf Pächte, Zinsen und

andere Gefälle bewilligen, jedoch nur als Ausnahme von der Regel, und darf diese Stundung den Termin des Jahres-Rechnungsabschlusses nicht übersteigen.

Abschnitt II. C.: In außerordentlichen Fällen, und wo die betreffende Abtheilung sich überzeugt hält, daß das Rückbleiben der Steuern durch unverschuldeten und vorübergehenden Nothstand der Pflichtigen veranlaßt wird, bleibt ihr zwar die Befugniß, für dergleichen Pflichtige eine Stundung der Steuer vorübergehend zu bewilligen, doch darf diese Stundung niemals über den zum Rechnungsabschluß jeden Jahres bestimmten Termin hinaus sich erstrecken. Auch kann diese Stundung bewilligt werden, wo Steuererlaß höheren Orts zu befürworten ist; es muß aber in diesem Falle die Berichterstattung gleichzeitig mit der Stundung erfolgen.

Durch Art. 82 Nr. 5 der A. ist das Recht der Stundung im Berufungsverfahren für gewisse Fälle dem Vorsitzenden der Veranlagungskommission delegirt. Ebenso beim Vorliegen von begründeten Ermäßigungsanträgen durch den FME. v. 31. Okt. 1894, Mitth.H. 30 S. 40. In diesen Fällen ist auch zur Stundung über den Rechnungsabschluß hinaus eine besondere Genehmigung des Finanzministers nicht erforderlich. FME. v. 10. April 1897, Mitth.H. 35 S. 34. Von den in Berufungsfällen bewilligten Stundungen ist nur dem Vorsitzenden der Berufungskommission — nicht auch der Regierung — bei Ueberreichung der betreffenden Berufungen Anzeige zu erstatten. Die im Ermäßigungsverfahren gewährte Stundung ist in Spalte 9 der Ermäßigungsliste zu vermerken. FME. v. 31. Okt. 1894, Mitth.H. 30 S. 41.

§ 64.

Veranlagte Einkommensteuerbeträge können in einzelnen Fällen niedergeschlagen[1]) werden, wenn

deren zwangsweise Beitreibung die Steuerpflichtigen in ihrer wirthschaftlichen Existenz gefährden, oder wenn das Beitreibungsverfahren voraussichtlich ohne Erfolg sein würde.

1a) Die diskretionäre Befugniß der Verwaltung, veranlagte Steuerbeträge auch ohne den vorgängigen Nachweis der Unbeitreiblichkeit in einzelnen Fällen niederzuschlagen (§ 64), entspricht einem in der Praxis hervorgetretenen Bedürfniß. Theils handelt es sich nach den Motiven des Gesetzes darum, die nachtheiligen Folgen des Zwangsverfahrens in solchen Fällen abzuwenden, in welchen die nachsichtslose Durchführung desselben dem Steuerzahler einen unwiederbringlichen wirthschaftlichen Schaden zufügen würde; theils liegt es im Interesse der Steuerverwaltung selbst, zur Ersparung von Arbeit und Kosten die buchmäßige Beseitigung von Resten zu ermöglichen, welche voraussichtlich unbeitreiblich sein werden, weil z. B. der Steuerschuldner im Auslande lebt, latitirt oder in Vermögensverfall gerathen ist. Begr. d. Reg.-Vorlage S. 67.

1b) Vgl. Art. 82 Ziffer 6 u. 7 d. A., nach welchen Vorschriften die Regierung zur Niederschlagung ermächtigt ist, wenn das Beitreibungsverfahren voraussichtlich ohne Erfolg sein würde, weil der Steuerpflichtige gänzlich unvermögend oder sein Aufenthalt nicht zu ermitteln ist, es dagegen der Genehmigung des Finanzministers bedarf, wenn die Steuer aus dem Grunde niedergeschlagen werden soll, weil die zwangsweise Beitreibung den Steuerpflichtigen in seiner wirthschaftlichen Existenz gefährden würde.

§ 65.

Die veranlagte Steuer ist nicht zu erheben:

1) von den Unteroffizieren und Mannschaften des Beurlaubtenstandes, welche mit einem

Einkommen von nicht mehr als 3000 Mark veranlagt sind, für diejenigen Monate, in denen sie sich im aktiven Dienste befinden;

2) von dem Diensteinkommen der Reichs- und Staatsbeamten und Offiziere während der Zugehörigkeit derselben zur Besatzung eines zum auswärtigen Dienst bestimmten Schiffes oder Fahrzeuges der Kaiserlichen Marine, und zwar vom Ersten desjenigen Monats ab, welcher auf den Monat folgt, in welchem die heimischen Gewässer verlassen werden, bis zum Ablauf des Monats, in welchem die Rückkehr in dieselben erfolgt.

VII. Strafbestimmungen.

§ 66.

Wer[1]) wissentlich in der Steuererklärung oder bei Beantwortung der von zuständiger Seite an ihn gerichteten Fragen, oder zur Begründung eines Rechtsmittels

a) über sein steuerpflichtiges Einkommen oder über das Einkommen der von ihm zu vertretenden Steuerpflichtigen unrichtige oder unvollständige Angaben[2]) macht, welche geeignet sind, zur Verkürzung der Steuer zu führen,

b) steuerpflichtiges Einkommen, welches er nach den Vorschriften dieses Gesetzes anzugeben verpflichtet ist, verschweigt,

wird, wenn eine Verkürzung des Staates stattgefunden hat, mit dem vier- bis zehnfachen Betrage der Verkürzung, anderenfalls mit dem vier- bis zehnfachen Betrage der Jahressteuer, um welche der Staat verkürzt werden sollte, mindestens aber mit einer Geldstrafe von einhundert Mark, bestraft.[3])

An die Stelle dieser Strafe tritt eine Geldstrafe von zwanzig bis einhundert Mark, wenn aus den Umständen zu entnehmen ist, daß die unrichtige oder unvollständige Angabe oder die Verschweigung steuerpflichtigen Einkommens zwar wissentlich, aber nicht in der Absicht der Steuerhinterziehung erfolgt ist.[4])

Derjenige Steuerpflichtige, welcher, bevor eine Anzeige erfolgt oder eine Untersuchung eingeleitet ist,[5]) seine Angabe an zuständiger Stelle berichtigt oder ergänzt, beziehungsweise das verschwiegene Einkommen angiebt und die vorenthaltene Steuer in der ihm gesetzten Frist entrichtet, bleibt straffrei.

1) Die Thatbestandsmerkmale des in Abs. 1 des § 66 des Ges. bedrohten Delikts sind nach Friedberg (Preuß. Verw.Bl. Jahrg. XIX S. 53) folgende:

a. Objektive Unrichtigkeit der gemachten Angaben,
b. Eignung derselben zu einer Verkürzung der Steuer zu führen,
c. Bewußtsein des Angebenden von der Unrichtigkeit der Angaben,

d. Bewußtsein des Angebenden von der Eignung der unrichtigen Angaben zu einer Verkürzung der Steuer zu führen.

2a) Die Angaben müssen Thatsachen betreffen; Urtheile sind keine „Angaben". Cfr. Friedberg an der in Anm. 1 bezeichneten Stelle.

2b) Der Umstand, daß der Steuerpflichtige auch bei zutreffender Angabe zu demselben Steuersatze zu veranlagen gewesen wäre, schließt, wenn festgestellt ist, daß er die unrichtige Angabe über die Höhe seiner Einnahmen in der Absicht der Steuerhinterziehung gemacht hat, die Anwendung des Abs. 1 des § 66 nicht aus. FME. v. 8. April 1895, Mitth.H. 33 S. 37.

3) Vergehen und Uebertretungen, welche durch Zuwiderhandlungen gegen die Vorschriften über die Entrichtung der Steuern begangen werden, verjähren in fünf Jahren. Vgl. Art. 5 des Ges., betr. einige Ergänzungen des Einführungsgesetzes zum StrGB. v. 22. Mai 1852 und § 2 Abs. 2 des Einführungsgesetzes zum StrGB. für den Norddeutschen Bund v. 31. Mai 1870. Die Verjährung beginnt mit dem Tage, an welchem die Handlung begangen ist, ohne Rücksicht auf den Zeitpunkt des eingetretenen Erfolges. § 67 des RStrG.

4) Auf eine Anfrage während der Berathung des Gesetzes über die Bedeutung der Worte „zwar wissentlich, aber nicht in der Absicht der Steuerhinterziehung" erwiderte der Regierungskommissar, daß hierunter namentlich die Fälle begriffen seien, in denen der Censit in Folge eines Rechtsirrthums unrichtige Angaben mache. Nach Friedberg a. a. O. unterliegt der Strafvorschrift des Abs. 2 des § 66:

a. derjenige, welcher unrichtige Angaben macht, wissend, daß sie unrichtig sind, aber nicht wissend, daß sie zu einer Verkürzung der Steuer zu führen geeignet sind,

b. derjenige, welcher unrichtige Angaben macht, wissend, aus welchen Theilen sich sein Einkommen zusammensetzt, aber nicht wissend, in welchem Umfange sie einkommensteuerpflichtig sind.

Das Kammergericht hatte ursprünglich die Strafvorschrift des Abs. 2 auf die Fälle des Rechtsirrthums nicht anwenden wollen. Dagegen wendet sich der FME. v. 30. Okt. 1895, Mitth.H. 33 S. 36, welcher die Regierungen anweist, nach wie vor davon auszugehen, daß die Fälle des Rechtsirrthums unter die Strafbestimmung des § 66 Abs. 2 fallen. Schließlich hat das Kammergericht die frühere entgegengesetzte Ansicht fallen lassen. Vgl. Urth. d. Kammergerichts v. 8. Nov. 1895, Pr.Verw. Bl. Jahrg. XIX S. 218.

5a) Eine Untersuchung gilt als eingeleitet, sobald der Vorsitzende der Veranlagungskommission innerhalb seiner Zuständigkeit die erste Maßnahme zur Feststellung des Thatbestandes ergriffen hat. FME. v. 29. März 1893, Mitth.H. 26 S. 33.

5b) Erhebungen zum Zwecke der Veranlagung oder der Erörterung eines Rechtsmittels sind noch nicht als Einleitung einer Untersuchung anzusehen. Vgl. Art. 84 Nr. 1 d. A. und FME. v. 29. März 1893, Mitth.H. 26 S. 33.

§ 67.

Die Einziehung der hinterzogenen Steuer erfolgt neben und unabhängig von der Strafe.[1])

Die Verbindlichkeit zur Nachzahlung der Steuer verjährt in zehn Jahren und geht auf die Erben, jedoch für diese mit einer Verjährungsfrist von fünf Jahren[2]) und nur auf Höhe ihres Erbantheils, über. Die Verjährungsfrist beginnt mit Ablauf des Steuerjahres, in welchem die Hinterziehung begangen wurde.

Die Festsetzung der Nachsteuer steht der Regierung zu, gegen deren Entscheidung nur Beschwerde an den Finanzminister zulässig ist.

1) Vgl. Art. 84 Ziffer 8 d. A.

2) Die Kommission d. H. d. Abg. (Bericht v. 2. Febr. 1891, S. 58) sprach bei dieser Bestimmung die Absicht aus, daß den Erben bei dieser Frist die zu Lebzeiten des Erblassers verlaufene Frist mit angerechnet werden soll.

§ 68.

Wer die in Gemäßheit des §. 22 von ihm erforderte Auskunft verweigert oder ohne genügenden Entschuldigungsgrund in der gestellten Frist gar nicht oder unvollständig oder unrichtig ertheilt, wird mit einer Geldstrafe bis dreihundert Mark bestraft.

Wer der im §. 61 vorgeschriebenen Verpflichtung zur An- und Abmeldung nicht rechtzeitig nachkommt, wird mit Geldstrafe bis zu zwanzig Mark bestraft.

§ 69.

Die bei der Steuerveranlagung betheiligten Beamten sowie die Mitglieder der Kommission werden, wenn sie die zu ihrer Kenntniß gelangten Erwerbs-, Vermögens- oder Einkommensverhältnisse eines Steuerpflichtigen, insbesondere auch den Inhalt einer Steuererklärung oder der darüber gepflogenen

Verhandlungen unbefugt offenbaren, mit Geldstrafe bis zu eintausendfünfhundert Mark oder mit Gefängniß bis zu drei Monaten bestraft.

Die Verfolgung findet nur auf Antrag der Regierung oder des betroffenen Steuerpflichtigen statt.

§ 70.

Die auf Grund der §§. 66, 68 und 69 festzusetzenden, aber unbeitreiblichen Geldstrafen sind nach Maßgabe der für Uebertretungen geltenden Bestimmungen des Strafgesetzbuches für das Deutsche Reich (§§. 28 und 29)[1]) in Haft umzuwandeln.

Die Untersuchung und Entscheidung in Betreff der in den §§. 66 und 68 bezeichneten strafbaren Handlungen steht dem Gericht zu, wenn nicht der Beschuldigte die von der Regierung vorläufig festgesetzte Geldstrafe nebst den durch das Verfahren gegen ihn entstandenen Kosten binnen einer ihm bekannt gemachten Frist freiwillig zahlt.[2])

Die Regierungen sind ermächtigt, hierbei eine mildere als die im §. 66 vorgeschriebene Strafe in Anwendung zu bringen.

Hat der Beschuldigte in Preußen keinen Wohnsitz, so erfolgt das Einschreiten des Gerichts ohne vorläufige Festsetzung der Strafe durch die Regierung. Dasselbe findet statt, wenn die Regierung aus sonstigen Gründen von der vorläufigen Festsetzung der Strafe Abstand zu nehmen erklärt oder der Angeschuldigte hierauf verzichtet.

Die Entscheidung wegen der hinterzogenen Steuer verbleibt in allen Fällen den Verwaltungsbehörden.

In Betreff der Zuwiderhandlungen wegen der Verpflichtung zur Geheimhaltung (§. 69) findet nur das gerichtliche Strafverfahren statt.

1) Das Strafgesetzbuch für das Deutsche Reich bestimmt in:

§ 28. Eine nicht beizutreibende Geldstrafe ist in Gefängniß und, wenn sie wegen einer Uebertretung erkannt worden ist, in Haft umzuwandeln.

Ist bei einem Vergehen Geldstrafe allein oder an erster Stelle, oder wahlweise neben Haft angedroht, so kann die Geldstrafe in Haft umgewandelt werden, wenn die erkannte Strafe nicht den Betrag von sechshundert Mark und die an ihre Stelle tretende Freiheitsstrafe nicht die Dauer von sechs Wochen übersteigt.

War neben der Geldstrafe auf Zuchthaus erkannt, so ist die an deren Stelle tretende Gefängnißstrafe nach Maßgabe des § 21 in Zuchthausstrafe umzuwandeln.

Der Verurtheilte kann sich durch Erlegung des Strafbetrages, soweit dieser durch die erstandene Freiheitsstrafe noch nicht getilgt ist, von der letzteren freimachen.

§ 29. Bei Umwandlung einer wegen eines Verbrechens oder Vergehens erkannten Geldstrafe ist der Betrag von drei bis zu funfzehn Mark, bei Umwandlung einer wegen einer Uebertretung erkannten Geldstrafe der Betrag von Einer bis zu funfzehn Mark einer eintägigen Freiheitsstrafe gleich zu achten.

Der Mindestbetrag der an Stelle einer Geldstrafe tretenden Freiheitsstrafe ist Ein Tag, ihr Höchstbetrag bei Haft sechs Wochen, bei Gefängniß Ein Jahr. Wenn jedoch eine neben der Geldstrafe wahlweise angedrohte Freiheitsstrafe ihrer Dauer nach den vorgedachten Höchstbetrag nicht erreicht, so darf die an Stelle der Geldstrafe tretende Freiheitsstrafe den angedrohten Höchstbetrag jener Freiheitsstrafe nicht übersteigen.

2) Vgl. Art. 84 d. A.: Verfahren bei Zuwiderhandlungen.

VIII. Kosten.

§ 71.

Die Kosten der Steuerveranlagung und Erhebung fallen der Staatskasse zur Last.[1]) Jedoch sind diejenigen Kosten, welche durch die gelegentlich der eingelegten Rechtsmittel erfolgenden Ermittelungen veranlaßt werden, von dem Steuerpflichtigen zu erstatten, wenn sich seine Angaben in wesentlichen Punkten als unrichtig erweisen.[2]) Die Festsetzung der zu erstattenden Kosten erfolgt durch die Regierung, gegen deren Entscheidung nach Maßgabe des §. 60 Absatz 1 die Beschwerde an den Finanzminister gestattet ist.

1a) Vgl. Art. 86, 87 d. A.

1b) Soweit die Gemeinden an der Steuerveranlagung betheiligt sind, erhalten sie für Wahrnehmung der bezüglichen Geschäfte jetzt keine besondere Entschädigung mehr. § 16 des Ges. v. 14. Juli 1893, wegen Aufhebung direkter Staatssteuern. Ebenso haben die Gemeinden die Hebung der Einkommensteuer jetzt ohne Vergütung zu besorgen. Siehe Anm. 1a zu § 62.

1c) Ueber die Entschädigung der Kommissionsmitglieder siehe § 72 des Ges.

1d) Wegen Lieferung der Formulare an die Vorsitzenden der Veranlagungskommissionen — jedoch ausschließlich derjenigen Stadtkreise, in denen der erste

Bürgermeister oder ein anderer Kommunalbeamter den Vorsitz in der Veranlagungskommission führt — vgl. FME. v. 27. Aug. 1891, Mitth.H. 25 S. 86.

1e) Insertionskosten für die öffentliche Aufforderung zur Abgabe der Steuererklärungen haben die als Vorsitzende der Veranlagungskommissionen fungirenden Landräthe aus der ihnen für das Hauptamt gewährten Dienstaufwandsentschädigung zu bestreiten. FME. v. 13. Febr. 1895, Mitth.H. 33 S. 38.

2a) Den Steuerpflichtigen Kosten aufzuerlegen, welche durch die gelegentlich der Berufung erfolgenden Ermittelungen veranlaßt werden, ist nur dann gestattet, wenn zugleich der dazu erforderliche Thatbestand — vgl. § 71 des Einkommensteuergesetzes, Art. 87 d. A. — festgestellt wird. Entsch. d. OVG. v. 4. April 1893, Entsch. i. St. Bd. I S. 333.

2b) Von einer Unrichtigkeit thatsächlicher „Angaben" kann nicht die Rede sein, wenn die Angaben des Steuerpflichtigen auf einer von derjenigen der Berufungskommission abweichenden rechtlichen Auffassung ihren Grund haben. Entsch. d. OVG. v. 3. Febr. 1898, Entsch. i. St. Bd. VI S. 330.

2c) Die Entscheidung der Berufungskommission muß zugleich Bestimmung darüber treffen, ob die Kosten, welche durch die gelegentlich der Berufung veranlaßten Ermittelungen erwachsen sind, von dem Steuerpflichtigen erstattet werden sollen. Art. 66 Ziffer 2 Abs. 4 d. A. Nachträgliche Entscheidungen der Berufungskommission, durch welche den Steuerpflichtigen lediglich die Kosten des Berufungsverfahrens auferlegt werden, sind unzulässig. Entsch. d. OVG. v. 3. Okt. 1896, Entsch. i. St. Bd. V S. 215.

§ 72.

Die Mitglieder der Kommissionen erhalten Reise- und Tagegelder nach Maßgabe der Verordnung,

betreffend die Tagegelder und Reisekosten u. s. w., vom 20. Dezember 1876 (Gesetz-Samml. 1877 S. 3).[1] [2] [3] [4]

Die Gebühren für Zeugen und Sachverständige (§. 38) werden nach den in Civilprozessen zur Anwendung kommenden Vorschriften berechnet.[5]

1) Hierzu bestimmt das Ges. v. 22. April 1892, betr. die Deklaration der Vorschriften § 72 Abs. 1 des Einkommensteuergesetzes u. s. w. (GS. S. 93):

Die Vorschriften des § 72 Abs. 1 des Einkommensteuergesetzes v. 24. Juni 1891 (GS. S. 175) und § 51 Abs. 1 des Gewerbesteuergesetzes v. 24. Juni 1891 (GS. S. 205) werden dahin deklarirt, daß die daselbst vorgesehenen Sätze der Tagegelder und Reisekosten im Wege der Königl. Verordn. gemäß § 12 des Ges., betr. die Reisekosten und Tagegelder der Staatsbeamten v. 24. März 1873 / 15. April 1876 geändert oder neu bestimmt werden können.

Durch Königl. Verordn. v. 4. Juli 1892 (GS. S. 201) ist sodann bestimmt worden, daß erhalten:

A. Tagegelder:

a) die Mitglieder der Einkommensteuer-Berufungskommissionen (§ 41 des Einkommensteuergesetzes) 12 Mark;

b) die Mitglieder der Einkommensteuer-Veranlagungskommissionen (§ 34 a. a. O.) 9 Mark;

c) . . . .

d) die Mitglieder der Voreinschätzungskommissionen (§ 31 a. a. O.) 2 Mark 50 Pf.

B. Reisekosten.

I. bei Reisen, welche auf Eisenbahnen oder Dampfschiffen gemacht werden können:

1. die Mitglieder der Berufungs- und Veranlagungskommissionen 13 Pfennige für das

Kilometer und 3 Mark für jeden Zu- und Abgang;

2. die Mitglieder der Voreinschätzungskommissionen fünf Pfennige für das Kilometer.

II. bei Reisen, welche nicht auf Eisenbahnen oder Dampfschiffen zurückgelegt werden können:

die Mitglieder der Berufungskommissionen 60 Pfennige, die der Veranlagungskommissionen 40 Pfennige, die der Voreinschätzungskommissionen 10 Pfennige für das Kilometer.

2a) Für Geschäfte am Wohnorte werden weder Tagegelder noch Reisekosten gezahlt. Dasselbe gilt von Geschäften außerhalb des Wohnorts in geringerer Entfernung als 2 Kilometer von demselben. Nöthigen jedoch außergewöhnliche Umstände zur Benutzung eines Fuhrwerks, oder sind sonstige nothwendige Unkosten, wie Brücken- und Fährgeld aufzuwenden, so werden die Auslagen erstattet. Bei Berechnung der Entfernungen wird jedes angefangene Kilometer für ein volles gerechnet. Bei Reisen von nicht weniger als 2 Kilometer, aber unter 8 Kilometer sind die Fuhrkosten für 8 Kilometer zu gewähren. Vgl. § 12 Abs. 5, 6 und 7 der Verordn., betr. die Tagegelder und Reisekosten der Staatsbeamten v. 15. April 1876 (GS. S. 107). Zu vgl. auch FME. v. 2. Aug. 1892 $\frac{\text{II. 9715}}{\text{I. 11253.}}$

2b) Auf Antrag der Betheiligten kann die Regierung Versäumnißgebühren bewilligen:

denjenigen Vorsitzenden und Mitgliedern von Voreinschätzungskommissionen in vereinigten Voreinschätzungsbezirken, welchen nicht ein Anspruch auf Reisekosten und Tagegelder zusteht.

Voraussetzung der Bewilligung ist eine Versäumniß. Die Versäumnißgebühren dürfen nicht den Betrag von 2 Mark 50 Pf. für jeden vollen Sitzungstag überschreiten.

Zu vgl. FME. v. 28. Mai 1894 $\frac{\text{II. 6384}}{\text{I. 7957}}$, abgedruckt als Nr. 6 des Anhangs zur A. v. 5. Aug. 1891, Th. II. Zweite Ausgabe.

3) Die zu Mitgliedern einer Kommission gewählten oder ernannten Staatsbeamten sind zum Bezuge von Reise- und Tagegeldern nur nach Maßgabe der für die Kommissionsmitglieder geltenden Bestimmungen berechtigt. FME. v. 28. Okt. 1891, Mitth.H. 25 S. 81.

4a) Die nach § 72 des Einkommensteuergesetzes den Vorsitzenden und Mitgliedern der Voreinschätzungskommissionen zustehenden Reisekosten und Tagegelder gebühren denselben aus der Staatskasse nur für die Geschäfte, welche sich auf die Einkommensteuerveranlagung beziehen.

Bei Berechnung der Reisekosten und Tagegelder müssen daher, insoweit eine derartige Trennung ohne Schwierigkeit ausführbar ist, die zum Zwecke der Gemeindesteuerveranlagung etwa gemachten besonderen Reisen, sowie die auf dieselbe etwa verwendeten besonderen Geschäftstage außer Betracht bleiben. FME. v. 19. Jan. 1892, Mitth.H. 25 S. 83.

4b) Den Mitgliedern der Veranlagungskommissionen steht auf Grund des § 72 des Einkommensteuergesetzes gegen die Staatskasse ein Anspruch auf Tagegelder und Reisekosten auch für Wahrnehmung von Terminen zu, welche ausschließlich die Entscheidung von Berufungen gegen die zu kommunalen Zwecken erfolgte Veranlagung zum Gegenstande haben. FME. v. 5. Sept. 1892, Mitth.H. 25 S. 85.

4c) Den seitens der Vorsitzenden der Veranlagungskommissionen zur Prüfung der Einkommensteuerlisten herangezogenen Mitgliedern der Voreinschätzungskommissionen sind Reisekosten und Tagegelder nach den Sätzen der Allerh. Verordn. v. 4. Juli 1892 zu gewähren.

Die einer Einkommensteuerkommission als Mitglied nicht angehörigen Gemeindevorsteher, welche in dieser Eigenschaft zu den Vorarbeiten für die Einkommensteuerveranlagung herangezogen sind, haben einen Anspruch auf Reisekosten und Tagegelder gegen die Staatskasse nicht. FME. v. 25. Nov. 1892, Mitth.H. 26 S. 32.

5) Zu vgl. §§ 366 u. 378 CPO. v. 30. Jan. 1877 und Gebührenordn. für Zeugen und Sachverständige v. 30. Juni 1878 (GS. S. 173).

§ 73.

Den Gemeinden (Gutsbezirken) werden als Vergütung für die bei Veranlagung der Steuer ihnen übertragenen Geschäfte zwei Prozent der eingegangenen Steuer gewährt.[1])

Hinsichtlich der örtlichen Erhebung der Steuer verbleibt es bis auf Weiteres bei den bestehenden Bestimmungen mit der Maßgabe, daß die bisher zur örtlichen Erhebung der Klassensteuer verpflichteten Gemeinden (Gutsbezirke) die Steuer von Einkommen von nicht mehr als 3000 Mark zu erheben haben.

Diejenigen Gemeinden (Gutsbezirke), welchen die Steuererhebung übertragen ist, erhalten für dieselbe eine Vergütung von zwei Prozent der Isteinnahme der zu erhebenden Steuern.[2])

1) Aufgehoben durch § 16 Abs. 1 des Ges. wegen Aufhebung direkter Staatssteuern v. 14. Juli 1893.

2) Aufgehoben, vgl. Allgem. V. v. 14. Dez. 1894 wegen Erhebung der direkten Staatssteuern durch die Gemeinden und Gutsbezirke. Mitth.H. 30 S. 61.

des Gesetzes über die Verjährungsfristen bei öffentlichen Abgaben vom 18. Juni 1840 (Gesetz-Samml. S. 140) auf die Einkommensteuer Anwendung.

§ 82.[1])

Uebersteigt die Einnahme an Einkommensteuer für das Jahr 1892/93 den Betrag von 80 000 000 Mark und für die folgenden Jahre einen um je 4 Prozent erhöhten Betrag, so werden die Ueberschüsse nach Maßgabe eines zu erlassenden besonderen Gesetzes zur Durchführung der Beseitigung der Grund- und Gebäudesteuer als Staatssteuer, beziehungsweise der Ueberweisung derselben an kommunale Verbände verwandt.

1) Außer Kraft getreten, siehe § 49 des Ergänzungssteuergesetzes v. 14. Juli 1893 (GS. S. 134). Dieser lautet:

§ 49. Uebersteigt die Einnahme an Einkommensteuer für das Jahr 1892/93 den Betrag von 80 000 000 Mark, und für die folgenden Jahre einen um je 4% erhöhten Betrag, so sind die Ueberschüsse und deren Zinsen bis zum Etatsjahre 1894/95 einschließlich zu einem besonderen, von dem Finanzminister zu verwaltenden Fonds abzuführen, soweit darüber nicht durch Gesetz anderweit Verfügung getroffen ist.

Soweit die mit 3½% zu berechnenden Zinsen dieses Fonds nach dem Bestande vom 1. April 1895 zu dem im § 48 Absatz 3 dieses Gesetzes bezeichneten Zwecke keine Verwendung finden, ist über dieselben zu Beihülfen für Volksschulbauten oder zu anderweiten Beihülfen an unvermögende Schulverbände durch den Staatshaushalts-Etat Bestimmung zu treffen.

Der Fonds selbst ist am 1. April 1895 zu den allgemeinen Staatsfonds zu vereinnahmen.

Die §§ 82—84 des Einkommensteuergesetzes treten mit der Verkündigung dieses Gesetzes außer Kraft.

§ 83.[1])

Bis zum Erlasse des im §. 82 erwähnten Gesetzes, jedoch längstens bis zum Etatsjahre 1893/94 einschließlich, sind die Ueberschüsse zu einem besonderen von dem Finanzminister zu verwaltenden Fonds abzuführen, welcher einschließlich seiner Zinsen nach Maßgabe des §. 82 zu verwenden ist.

1) Außer Kraft getreten, siehe § 49 des Ergänzungssteuergesetzes v. 14. Juli 1893 (GS. S. 134).

§ 84.[1])

Ist das im §. 82 vorgesehene Gesetz nicht bis zum 1. April 1894 ergangen, so sind die daselbst bezeichneten Ueberschüsse einschließlich des bis dahin etwa aufgesammelten Fonds nach Maßgabe der folgenden Bestimmungen zum Erlaß eines entsprechenden Betrages an Einkommensteuer zu verwenden:

I. Der zum Erlaß zu verwendende Betrag wird durch den Staatshaushalts-Etat festgestellt.

II. Der Erlaß findet in gleichen Monatsraten aller Steuerstufen statt. Insoweit der verfügbare Erlaßbetrag zur Deckung des Ausfalles einer vollen oder einer weiteren vollen Monatsrate der sämmtlichen Steuerstufen der für das betreffende Jahr veranlagten Einkommensteuer nicht zureicht, ist der etwa verbleibende Ueberschuß des Erlaßbetrages zum Erlaß beziehungsweise zum ferneren Erlaß einer Monatsrate derjenigen Steuerstufen, von unten beginnend, zu verwenden, für welche derselbe ausreicht.

Der etwaige Rest des Erlaßbetrages ist demjenigen des nächsten Jahres zuzusetzen.

III. Die Feststellung der Verwendung erfolgt durch den Finanzminister, sobald die Veranlagung für dasselbe Jahr vollzogen ist. Das Ergebniß der Feststellung ist zu veröffentlichen.

IV. Der durch den Erlaß einer Monatsrate der Einkommensteuer oder einzelner Stufen derselben (Nr. II) entstehende Ausfall wird auf ein Zwölftel des aus der jährlichen Veranlagung sich ergebenden Jahressteuerbetrages unter Abzug von drei Prozent für die im Laufe des Jahres entstehenden Abzüge und Ausfälle bestimmt.

V. Die für die örtliche Erhebung und für die Veranlagung der Einkommensteuer den Gemeinden bewilligten Gebühren (§. 73) sind auch von den unerhoben bleibenden Monatsraten der Einkommensteuer und zwar von dem nach der Bestimmung unter IV zu berechnenden Betrage derselben aus der Staatskasse zu gewähren.

1) Außer Kraft getreten, siehe § 49 des Ergänzungssteuergesetzes v. 14. Juli 1893 (GS. S. 194).

§ 85.

Der Finanzminister wird mit der Ausführung dieses Gesetzes beauftragt.

Dasselbe kommt zunächst bei der Veranlagung für das Jahr 1892/93 zur Anwendung,[1]) jedoch nur gleichzeitig mit dem Gesetze, betreffend die Aenderung des Wahlverfahrens.

Kommunalverbände, welche für das Jahr 1892/93 nach Maßgabe der neuen Veranlagung die bestehenden Zuschläge zur Staatseinkommensteuer herabsetzen, bedürfen hierzu keiner Genehmigung der Aufsichtsbehörden.

Mit dieser Maßgabe und vorbehaltlich der Anwendung auf frühere Fälle treten die auf die Einrichtung und Veranlagung der Klassen- und klassifizirten Einkommensteuer bezüglichen Vorschriften, insbesondere

das Gesetz vom 1. Mai 1851 (Gesetz-Samml. S. 193),

das Gesetz vom 25. Mai 1873 (Gesetz-Samml. S. 213),

das Gesetz vom 2. Januar 1874 (Gesetz-Samml. S. 9),

das Gesetz vom 16. Juni 1875 (Gesetz-Samml. S. 234),

§. 9 Nr. 1 und §. 9 Absatz 3 des Gesetzes vom 23. Juni 1876 (Gesetz-Samml. S. 169),

Artikel III und IV des Gesetzes vom 12. März 1877 (Gesetz-Samml. S. 19),

am 1. April 1892 außer Kraft.

Urkundlich unter Unserer Höchsteigenhändigen Unterschrift und beigedrucktem Königlichen Insiegel.

Gegeben Neues Palais zu Potsdam, den 24. Juni 1891.

(L. S.) **Wilhelm.**

v. Caprivi. v. Boetticher. Herrfurth. v. Schelling. Frhr. v. Berlepsch. Miquel. v. Kaltenborn. v. Heyden. Gr. v. Zedlitz.

1) Im Uebrigen ist das Einkommensteuergesetz mit dem 30. Juli 1891 in Kraft getreten. Vgl. Entsch. d. OVG. v. 26. Febr. 1893, Entsch. i. St. Bd. I S. 224.

Steuertarif.

Steuer-Stufe	Einkommen von mehr als	Einkommen bis einschließlich	Jährlicher Steuer-Satz	Steuer-Stufe	Einkommen von mehr als	Einkommen bis einschließlich	Jährlicher Steuer-Satz
	Mark	Mark	Mark		Mark	Mark	Mark
1	900	1 050	6	25	9 000	9 500	276
2	1 050	1 200	9	26	9 500	10 500	300
3	1 200	1 350	12	27	10 500	11 500	330
4	1 350	1 500	16	28	11 500	12 500	360
5	1 500	1 650	21	29	12 500	13 500	390
6	1 650	1 800	26	30	13 500	14 500	420
7	1 800	2 100	31	31	14 500	15 500	450
8	2 100	2 400	36	32	15 500	16 500	480
9	2 400	2 700	44	33	16 500	17 500	510
10	2 700	3 000	52	34	17 500	18 500	540
11	3 000	3 300	60	35	18 500	19 500	570
12	3 300	3 600	70	36	19 500	20 500	600
13	3 600	3 900	80	37	20 500	21 500	630
14	3 900	4 200	92	38	21 500	22 500	660
15	4 200	4 500	104	39	22 500	23 500	690
16	4 500	5 000	118	40	23 500	24 500	720
17	5 000	5 500	132	41	24 500	25 500	750
18	5 500	6 000	146	42	25 500	26 500	780
19	6 000	6 500	160	43	26 500	27 500	810
20	6 500	7 000	176	44	27 500	28 500	840
21	7 000	7 500	192	45	28 500	29 500	870
22	7 500	8 000	212	46	29 500	30 500	900
23	8 000	8 500	232	47	30 500	32 000	960
24	8 500	9 000	252	48	32 000	34 000	1040

Steuertarif.

Steuer-Stufe	Einkommen von mehr als Mk.	Einkommen bis einschließlich Mk.	Jährlicher Steuer-Satz Mk.	Steuer-Stufe	Einkommen von mehr als Mk.	Einkommen bis einschließlich Mk.	Jährlicher Steuer-Satz Mk.
49	34 000	36 000	1120	**73**	82 000	84 000	3100
50	36 000	38 000	1200	**74**	84 000	86 000	3200
51	38 000	40 000	1280	**75**	86 000	88 000	3300
52	40 000	42 000	1360	**76**	88 000	90 000	3400
53	42 000	44 000	1440	**77**	90 000	92 000	3500
54	44 000	46 000	1520	**78**	92 000	94 000	3600
55	46 000	48 000	1600	**79**	94 000	96 000	3700
56	48 000	50 000	1680	**80**	96 000	98 000	3800
57	50 000	52 000	1760	**81**	98 000	100 000	3900
58	52 000	54 000	1840	**82**	100 000	105 000	4000
59	54 000	56 000	1920	**83**	105 000	110 000	4200
60	56 000	58 000	2000	**84**	110 000	115 000	4400
61	58 000	60 000	2080	**85**	115 000	120 000	4600
62	60 000	62 000	2160	**86**	120 000	125 000	4800
63	62 000	64 000	2240	**87**	125 000	130 000	5000
64	64 000	66 000	2320	**88**	130 000	135 000	5200
65	66 000	68 000	2400	**89**	135 000	140 000	5400
66	68 000	70 000	2480	**90**	140 000	145 000	5600
67	70 000	72 000	2560	**91**	145 000	150 000	5800
68	72 000	74 000	2640	**92**	150 000	155 000	6000
69	74 000	76 000	2720	**93**	155 000	160 000	6200
70	76 000	78 000	2800	**94**	160 000	165 000	6400
71	78 000	80 000	2900	u. s. w. in Stufen von je 5000 Mk. um je 200 Mk.			
72	80 000	82 000	3000				

Sachregister.

Die Zahlen bedeuten die Seiten, die in Klammern stehenden Zahlen weisen auf die betreffenden Anmerkungen hin.

A.

B.

G.

L.

S.

T.

W.

Druck von Otto Walter in Berlin S.

Kolibri 360 GmbH
Ferdinand-Jühlke-Straße 7
99095 Erfurt, Deutschland
produktsicherheit@kolibri360.de